天国からの演奏家たち

池田卓夫

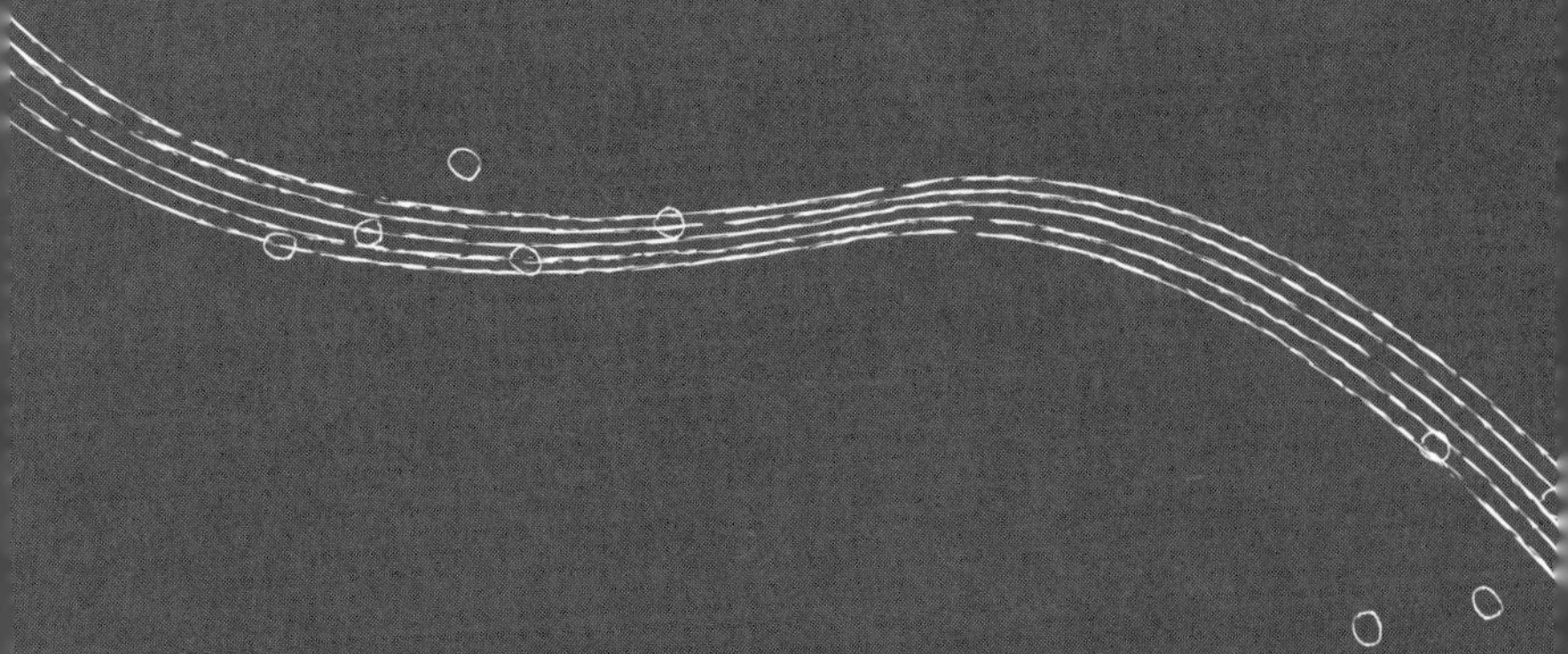

青林堂

目次

vol. 1 **アイザック・スターン** ヴァイオリンの謙虚な「王様」……5
vol. 2 **ヘルベルト・フォン・カラヤン** 日本では発揮することなく終わった「カペルマイスター」の真価……11
vol. 3 **中村紘子** 勝ち気でシャイ、最後まで努力家だった「天才少女」……19
vol. 4 **栗本尊子** 大正・昭和・平成を生き抜いた偉大な歌の女神……27
vol. 5 **クラウディオ・アバド** 「本番憑依」の天才、パスタ談義で盛り上がる……33
vol. 6 **武満徹** 取っつきにくい風貌、だが「話せばわかる」宇宙人……41
vol. 7 **イダ・ヘンデル** アルゲリッチを〝特訓〟した作曲家の使徒……49
vol. 8 **ラドミル・エリシュカ** 札響をこよなく愛したチェコの名匠……57
vol. 9 **マリス・ヤンソンス** 「命がけ」で全身全霊切り刻み、音楽と人間に尽くす……65
vol. 10 **ヘルマン・プライ** 「自然児パパゲーノ」のように……、天衣無縫の人生を全う……73

目次

vol. 11 **イヴリー・ギトリス** クリスマス・イヴに「星」となったヴァイオリンの怪人……81
vol. 12 **アリシア・デ・ラローチャ** 小さな手の大きな「ピアノの女王」……89
vol. 13 **ジェリー・ハドレー** あまりに「いい人」過ぎた米国人テノールの蹉跌……95
vol. 14 **ニコラウス・アーノンクール** 「基本は一人の再現芸術家」の分をわきまえる……101
vol. 15 **ディートリヒ・フィッシャー=ディースカウ** 最後まで舞台人の矜持を護った「歌のエンサイクロペディスト」……109
vol. 16 **クラウディオ・アラウ** 「リストのそばにいた」巨匠ピアニスト……117
vol. 17 **ロリン・マゼール** 稀代の「指揮ヴィルトゥオーゾ」の光と影……127
vol. 18 **ヤーノシュ・シュタルケル** 「気は優しくて力持ち」のチェロ名人……137
vol. 19 **セルジュ・チェリビダッケ** 実は人懐こかった孤高のマエストロ……145
vol. 20 **エディタ・グルベローヴァ** 孤高、永遠の「ルチア」&「ツェルビネッタ」……155
vol. 21 **ラファエル・フリューベック・デ・ブルゴス** ブラームスを愛し、愛された「スペインのドイツ人」……163
vol. 22 **アルド・チッコリーニ** 「望郷の念」を歌い上げて日本に別れを告げた「パリのイタリア人」……171

vol. 23 **朝比奈隆** 「明治人の教養」を体現した巨木のようなマエストロの〝人くささ〟…… 177
vol. 24 **渡邉曉雄** 「日本フィルの父」、世界に人脈を広げた外柔内剛のモダニスト…… 189
vol. 25 **山田一雄** 指揮台の万年青年「ヤマカズ」、マーラー孫弟子の自負にかけて…… 201
vol. 26 **岩城宏之** 木琴から半音に目覚め、指揮者になった昭和の快男児…… 209
vol. 27 **若杉弘** オペラに生涯を捧げた哲人マエストロ…… 219
vol. 28 **大町陽一郎** 楽長らしく豪快にざっくりと、欧州楽壇で活躍…… 229
vol. 29 **テレサ・ベルガンサ** 「ベルカントの源流」自負、メゾの頂点極める…… 237
vol. 30 **ジュゼッペ・シノーポリ** R・シュトラウスの作曲技法を熱く語る…… 241
あとがき ～プロブレムはプロブレム、そのままで…… 248

vol. 1　アイザック・スターン

©木之下晃アーカイヴス

アイザック・スターン Isaac Stern（1920—2001）

当時ポーランド領（現ウクライナ領）だったクレメネツに生まれるが、1歳2か月の時、家族とともに米国サンフランシスコへ移住した。8歳で同地の音楽院に入学、16歳でピエール・モントゥー指揮サンフランシスコ交響楽団と共演、翌年にはニューヨークのカーネギー・ホールでデビューした。1979年には中国政府に招かれ、各地で演奏と指導に当たった。第二次世界大戦中のナチスによるユダヤ人ホロコースト（大量殺戮《さつりく》）に抗議、戦後は一貫してドイツ人音楽家・オーケストラとの共演を拒んだ。亡くなる前には「次の世代はわだかまりなく、自由に交流すればいい」と語っていた。

ヴァイオリンの謙虚な「王様」

１９７０年代にクラシック音楽の虜となった少年にとって、「ヴァイオリンの王様」といえばアイザック・スターンだった。ＴＢＳ系の音楽番組「オーケストラがやって来た」に現れ、小澤征爾（１９３５〜）と演奏する「王様」の恰幅《かっぷく》よく、楽しそうな姿を今も思い出す。前後して、小澤指揮ボストン交響楽団とチャイコフスキー、ダニエル・バレンボイム（１９４２〜）指揮ニューヨーク・フィルハーモニックとベートーヴェンなどの「ヴァイオリン協奏曲」の名曲を相次いでＣＢＳ（現ソニーミュージック）に再録音、スケールの大きな演奏に圧倒されもした。初めて接した実演でも、巨大なＮＨＫホールの隅々まで響き渡るゴージャスな音が強く印象に残る。

生まれはウクライナだが幼時にサンフランシスコへ移住、実質上「メイド・イン・ＵＳＡ」の巨匠となったスターンは、１９５０年代のアメリカン・ドリームを体現した豊麗な演奏で一世を風靡《ふうび》した。さらに同じ楽器のイツァーク・パールマン（１９４５〜）、ピンカス・ズーカーマン（１９４８〜）、シュロモ・ミンツ（１９５７〜）からピアノのバレンボイム、イェフィム・ブロンフマン（１９５８〜）に至るユダヤ系音楽家を束ねた「ファミリー」の〝家長〟

として、世界の楽壇に君臨した。カーネギー・ホール保存運動の先頭に立ち、後にその会長職を引き受けるなど桁外れの政治力も発揮したので、ストイックな日本のファンの間では毀誉褒《きよほう》貶《へん》が激しかった。

最晩年の1996年には宮崎国際音楽祭（当時は宮崎国際室内楽音楽祭）初代音楽監督に招かれ、亡くなる直前まで来演を重ねた。「地方の音楽祭には高額の大物過ぎるし、高齢だから大した働きはしないだろう」といった反対意見を押し切り、スターンを宮崎に引っ張ったのは宮崎県立劇場館長（当時）の青木賢児さん（1932〜）。同県出身でNHK入局後は「未来への遺産」などドキュメンタリー番組のプロデューサーとして活躍、本体の理事を経てNHK交響楽団の理事長に転じた。N響時代、シャルル・デュトワ（1936〜）を口説き落として音楽監督に招いた手腕を帰郷後の宮崎でも発揮し、新設音楽祭のトップにスターンを据えた。

スターンは宮崎に現れると早朝から深夜まで、総監督の徳永二男（1946〜＝元N響コンサートマスター）ら日本人音楽家とのリハーサルはもちろん、地元の子どもたちの指導にも全身全霊で臨んだ。徳永らと共演するはずだったブラームスの「弦楽六重奏曲第2番」をスターンが「第1番」と理解していた事態の発覚後、携帯電話の普及前夜でもあり、私も含めた周囲の人々から100円玉をかき集め、ニューヨークの秘書に劇場内の公衆電話から問い合わせた。スターン側の間違いだと判明した瞬間、くるりと巨体を逆に向け「ゴメンナサイ」と日本語で謝罪した。だが、それで終わるほど甘い人間でない。「第2番」のリハーサル寸前、自身の楽器（1740年製グァルネリ・デル・ジュス）を日本の仲間たちに示し、「ウジェーヌ・イザイはこの楽器で、セザール・フランクから結婚祝いに贈られたヴァイオリン・ソナタを世界初演したのだよ」と告げ、マエストロの威厳を示した。水戸黄門の家来が三葉葵の紋章の入った印籠を掲げ、一同が土下座するドラマの「お決まり」場面を思い出した。

宮崎でのインタビューはいつも、劇場からホテルに戻る車の中。クルマ社会の宮崎は結構渋滞するので、30分は話を聞けた。訪中経験も踏まえ「これからはアジアの若い演奏家の時代」が持論で、教育にも熱心だった。「ミスター・イケダ、私は宮崎に来るまで、日本の大都市でしか演奏してこなかった。経済大国日本の子どもたちに成功へのプレッシャーが強いのは東京、大阪など大都市に特有の現象と思っていたが、宮崎に来ても事情は同じだった。なぜ5歳10歳の子どもがパガニーニとかラロとかを持ってくる？　小さい時にバッハ、モーツァルトで基礎をきちんと固めないと、伸びるものも伸びなくなるよ」といい、「きれいな景色に触れるとか、美味しい物を食べるとかも含めて成功、不成功と関係のない楽しい体験」の大切さを説いた。

最後まで現役を貫く

当時のスターンは2000年の80歳に向け、ブロンフマンをデュオ・パートナーにモーツァルトの「ピアノとヴァイオリンのためのソナタ集」を継続してソニーに録音、東京でも米国のスタッフを呼び、セッションを組んだことがあった。二人は宮崎でも演奏、ピリオド（作曲当時の）奏法の研究進展に目を配り、ヴァイオリンが前面に出るソロ、ピアノの陰に回るオブリガートの弾き分けをはじめ、モダン（現代仕様の）楽器の老巨匠としては例外的なほど、新しい演奏スタイルを披露したのに驚いた。

「なぜ、ご自身の演奏スタイルをここまで突き詰め、ヴァージョンアップできるのですか？」と質問した。スターンは「ブロンフマンのおかげだよ。世の多くは彼が私の胸を借りてキャリアを作るつもりだと誤解するが、実態は逆。私が彼に協力を求め、モーツァルト解釈を最新の様式観に洗い直している」と言い切った。「その成果を正確に指摘するキミは、どこの大学で音楽学の学位を取得したのかね？」と、今度はマエストロが尋ねる。「私は芸術科目が音楽か美術の二者択一だった高校で美術を選択したから、音楽は義務教育の中学までです。でもスターンさん、どこかの音楽大学に在籍していても、あなたクラスの大音楽家の話を聞ける機会は限られるでしょう。私は音楽ジャーナリストの役得でほぼ毎月、素晴らしい芸術家の話を直にうかがい、音楽の知識を蓄えて来ました」と答えると、「確かにそうだ」。

東京で私がブロンフマンをインタビューしていたホテルの部屋にスターンが突然現れ、冷蔵庫の中のコーラの本数をチェック、「こんなにたくさん飲んだら、私みたいな体型になるぞ！」と警告を発したこともあった。あまり効果がなかったのは、今のブロンフマンを見ればわかる通り。スターンをホテルオークラで取材後、二人して外へ出ると一斉にテレビカメラに囲まれた。「私たちのインタビューは、そんなにセンセーショナルだったのか」と思ったのも束の間、すぐ後ろを翌日逮捕された汚職政治家が歩いていて、びっくりした。

ボスのイメージとは裏腹に、音楽には徹底して謙虚だった。J・S・バッハの《無伴奏ヴァイオリンのためのソナタとパルティータ》全6曲を録音する計画は何度も予告されながら、ついに実現しなかった。理由を問うと「4曲までは人前で弾く自信があるが、残り2曲がまだ満足できない。何度も練習しながら『お前にはまだ取り組むテーマがある』と自分に言い聞かせ、今も現役を続けているのだよ」。最後の一瞬まで、自分に厳しい「王様」でいた。

vol. 2　ヘルベルト・フォン・カラヤン

©木之下晃アーカイヴス

ヘルベルト・フォン・カラヤン Herbert von Karajan（1908―1989）

オーストリアの指揮者。1955年より1989年までベルリン・フィルの終身指揮者・芸術監督。ウィーン国立歌劇場総監督、ザルツブルク音楽祭芸術監督も務め、「楽壇の帝王」と称された。1954年にＮＨＫ交響楽団も指揮した。1972年にカラヤン・アカデミーを設立して若手の育成に尽力、小澤征爾や小泉和裕、高関健、山下一史ら日本人指揮者にも大きな影響を与えた。1983年にザビーネ・マイヤーを独断でクラリネットの首席に採用しようとしてベルリン・フィルとの関係が悪化、1989年には雑誌「シュピーゲル」がマネジメント、映像企画会社と一体の不正蓄財をすっぱ抜き、終身指揮者の地位を事実上剥奪された。

日本では発揮することなく終わった「カペルマイスター」の真価

私が小中学生だった1960〜70年代、「巨人・大鵬・卵焼き」という言葉があった。第二次世界大戦後の経済復興と高度成長、テレビ誕生による大衆文化の開花を背景に子どもから大人まで、ほぼ全員の人気がただ一つの最強アイテムに集中した時代のキーワードだ。

当時のクラシック音楽は労音（勤労者音楽協議会）、民音（民主音楽協会）などの鑑賞団体が会員獲得にしのぎを削ったことも手伝い、本格普及期を迎えていた。人気の動向は「巨人・大鵬」と酷似。作曲家ではルートヴィヒ・ヴァン・ベートーヴェン、演奏ではヘルベルト・フォン・カラヤンの指揮、ベルリン・フィルハーモニー管弦楽団、ウィーン・フィルハーモニー管弦楽団などの「本場物」が鉄板の人気を獲得した。

カラヤン自身は1929年にデビューした「戦前派」で、戦争中はキャリアを有利に展開する思惑もあって、ナチス（国家社会主義ドイツ労働者党）に入党した。ただ目立った活動歴がなかったために戦後すぐ、活動を再開できた。ちょうどレコード盤のフォーマットがSPからLP、モノラルからステレオへ移行する時期で長時間、高忠実度（ハイファイ）の再生が可能となり、日本の一般家庭でも家具のように立派な再生装置が普及した。後に本格化する映像ソフトと合わせてカラヤンは音楽メディアの最新テクノロジーを駆使して楽壇の枠を超え、ヨーロッパを代表するクラシック音楽の「帝王」として世界に名をとどろかせた。背は高くなかったが、貴族的な風貌とダンディないでたちでスポーツカーや自家用飛行機を操り、パリのファッションモデルと再婚するなどの華麗なライフスタイルでも羨望の的だった。

映像は目を閉じ、ゆっくりと腕を上下させる指揮姿が最も目立つように制作され、実際の演奏会ではあり得ない楽器配置を見せたり、楽員の風貌まで綿密に整えたりした。コンサートマスターの一人、レオン・シュピーラー（1928〜）は光り輝く頭頂部を極めて不自然なかつらで覆わざるを得なかった。後年、大阪国際音楽コンクールの審査でシュピーラーと同席した時、ビデオ収録当時の気分を尋ねたら「最悪に決まっているじゃないか」と、まだ怒っていた。

どのオーディオ装置でも一定水準以上の輝かしい音響を楽しめるよう、カラヤンは1955年から1989年まで率いたベルリン・フィルの音を磨き上げ、戦前の強弱の抑揚とは一線を画した「全音均等」の演奏スタイルを確立した。実演とは異なるバランス、すべての楽器の音が明確に聴こえる「レコード芸術」の極致は当時のイージーリスニング・オーケストラ、「カラベリときらめくストリングス」をもじって「〝カラベル〟ときらめくストリングス」とも日本の守旧派から揶揄《やゆ》され、多数の「アンチ・カラヤン」派を生んだ。

今にして思うと、1950〜70年代の日本ではファンもアンチも、カラヤンという指揮者の根幹をなす部分には目もくれなかった。ウルムを振り出しにアーヘン、ベルリン、ウィーン、ミラノ、メトロポリタン歌劇場、バイロイト音楽祭、ザルツブルク音楽祭……と、世界の舞台を駆け上った超優秀なオペラ指揮者、カペルマイスター（楽長）としてのカラヤンこそ、「きらめくストリングス」の背後に隠された実像だった。

ウルムやアーヘンでの下積み時代、うんざりするほど多くの回数を指揮したオペレッタの傑作、レハールの《メリー・ウィドウ》をカラヤンは1972年、ベルリン・フィルと「ドイツ・グラモフォン（DG）」レーベルに録音した。当時のドイツ語圏ではまだ、オペラを一流、オペレッタを二流とする風潮が強く、レハールもDGではなくポピュラー部門の「ポリドール」レーベルが担当していた。カラヤンはベルリン・オペレッタの作曲家ヴァルター・コロ（1878〜1940）の孫に当たるワーグナー歌手のルネ・コロ（テノール＝1937〜）のダニロ、パリで人気のあった英国人ソプラノのエリザベス・ハーウッド（1938〜1990）のハンナ、フランコ・ゼッフィレッリ監督（1923〜2019）のオペラ映画《椿姫》でヴィオレッタを演じた美貌のカナダ人テレサ・ストラータス（ソプラノ＝1938〜）のヴァランシエンヌ……と、オペラですら稀な夢のキャストをそろえ、ベルリン・フィルの「きらめく」サウンドで耽美の限りを尽くし、DGレーベルでレハールへの再評価を迫った。

演出も兼ねてベルリン・フィルと制作したワーグナー《ニーベルングの指環（リング）》全

曲においても、セッション録音（DG）でしか実現できない緻密《ちみつ》で室内楽的な響きを極めて歌手の「語り」を際立たせ、マッチョに処理されがちな大作から最上の美を引き出した。一時スカラ座の芸術顧問を務めたように、イタリアのオペラにも独自のセンスを発揮した。10年ぶりでウィーン国立歌劇場のピットに復帰した翌年の1978年5月1日、自身の演出で上演したヴェルディの《イル・トロヴァトーレ》は、カラヤンのドラマティックなイタリア歌劇指揮の頂点だろう。プラシド・ドミンゴ（テノール＝1941〜）、ピエロ・カップッチッリ（バリトン＝1926〜2005）、ライナ・カヴァイヴァンスカ（ソプラノ＝1934〜）、フィオレンツァ・コッソット（メゾソプラノ＝1935〜）ら当時最高峰の歌手をそろえ、恐ろしいまでの統率力で空間すべてを熱狂に巻き込んでいる。日本で一度もオペラを指揮することなく亡くなったのが、かえすがえすも残念でならない。

早稲田大学が名誉博士号を授与

これらの完成度に比べると、シンフォニー録音の多くはサウンドこそゴージャスだが、解釈自体はザクッと大局的なカペルマイスター流儀の延長線上に存在する。目を閉じて優雅な本番の指揮スタイルもビジュアル効果を意識した演出であり、その完成度に仕上げるまでのリハーサルでは手を振り回し、百面相の表情で細かな指示を出していた。

1979年10月13日、カラヤンは早稲田大学から名誉博士号を授与された。大隈講堂での式典に潜り込む機会を得た大学3年生の私は初めて「生」のカラヤンの姿を拝み、スピーチの肉声を聞いた。もはや遠い記憶になってしまったが「英国と日本には素晴らしいゴルフ場がたくさんあります。一流のコースであるほど芝生の緑も鮮やかなのは毎日毎日、根気よく水を与え続け、美しさを保つ努力の反映です。オーケストラもグリーンと同じ。日々の弛《たゆ》まない訓練が水準を決定します」のくだりは、今も鮮明に覚えている。帝王が一瞬垣間見せた、カペルマイスターの日常の矜持《きょうじ》だった。あまりに多くのカメラマンのフラッシュに気分を損ね、早稲田大学交響楽団を指揮する記念演奏はリハーサルだけで打ち切り。急場を引き継がされた「ワセオケ」の指揮者、山岡重信（1931〜2022）が気の毒でならなかった。

1989年7月16日。フランクフルトからミュンヘンへ出張するフライト中、カラヤンの訃報が留守宅に届いた。ホテルにチェックインする際、妻からのメッセージを渡された。そこにはただ1文、「Von Karajan ist tot（フォン・カラヤンが死んだ）」と記されていた。

その2年前の元日、ウィーン・フィルの「ニューイヤー・コンサート」を一度だけ指揮した際、アンコール前恒例のスピーチで、カラヤンは「ピース」と英語を使い、平和への思いを伝えた。戦争中ナチスと関わり、戦後は欧州楽壇に「帝王」として君臨したマエストロはふだん政治的な発言を極力控えていた。人生の最晩年に至り「ピース」とつぶやいた真意は、どこにあったのだろうか？　一度でいいから、じかに取材してみたかった。

vol. 3　中村紘子

©木之下晃アーカイヴス

中村紘子 Hiroko Nakamura（なかむら・ひろこ＝1944―2016）

1944年、疎開先の山梨県で生まれた。3歳から井口愛子に師事。桐朋学園大学音楽学部の前身、「子供のための音楽教室」の1期生だった。慶應義塾中等部3年在学中に、日本音楽コンクールにおいて史上最年少で第1位特賞。ジュリアード音楽院に留学。第7回ショパン・コンクールで4位。1974年、芥川賞作家の庄司薫氏と結婚。著書に『チャイコフスキー・コンクール』などがある。ネスカフェやハウス食品などテレビCFにもしばしば起用され、若い世代からは「カレーのおばさん」と親しまれた。2016年、大腸がんのために死去。

勝ち気でシャイ、最後まで努力家だった「天才少女」

2016年7月26日。ピアニストの中村紘子が72歳の誕生日の翌日に亡くなった。最後に言葉を交わしたのは同年4月30日、ミューザ川崎シンフォニーホールの楽屋だった。大腸がんとの闘病が一服、「復帰記念」と銘打った東京交響楽団（飯森範親指揮）の演奏会で、モーツァルトの「ピアノ協奏曲第24番」を弾き終えた直後だった。

アンチ派から「ヒロコ節」などと批判された強烈さが影を潜め、モーツァルトの音楽だけが自然に立ち上るような名演に驚く。半面、げっそり痩《や》せ、疲れているように見えたので私は、「一緒に楽屋へ挨拶に行きましょう」と浮き足立つ若いピアニストたちの誘いを断わり、ロビーにとどまっていた。すぐさま夫君の庄司薫（作家＝1937〜）に見つかり「紘子と会ってやってください」と言われたので恐る恐る、舞台裏に回った。

「あら、お礼の手紙を出す前にご本人と会ってしまったわ」。開口一番、私のお見舞いファクスが書類の山に紛れ、何か月も過ぎて発見されたことへの詫びが飛び出したので、すっかり恐縮してしまった。すぐさま「わざわざ、すみません。それより今日の第1楽章のカデンツァ、誰の作曲ですか？」と、音楽の話題に振った。

意外に思われるかもしれないが、中村はモーツァルトの協奏曲、とりわけ第24番と第26番《戴冠式》を得意としていて、カデンツァへのこだわりも強かった。24番の場合も、1970年代末にイルジー・ビエロフラーヴェク（1946〜2017）指揮NHK交響楽団と共演した時は自作、2014年6月に山田和樹（1979〜）指揮横浜シンフォニエッタとセッション録音した際はリリー・クラウス（1903〜1986）作……と試行錯誤を繰り返してきた。だが、16年の川崎はどちらでもなかった。

「なんか深いのですが、だんだんロマンティックな色彩を帯びていくのが不思議で」。感想を述べると「ふふふ、そうでしょ？　実はブラームスの作曲なの」と、種明かしをしてくれた。最後の一瞬まで演奏に工夫を重ね、前へ進む手綱を緩めなかった中村。15歳で大人のコンクールに優勝し、翌年のNHK交響楽団初の世界ツアーのソリストに抜擢《ばってき》された「天才少女」の本質は、人並外れた勉強家だった。自宅の「開かずの扉」の向こう側には、好悪取り混ぜた過去の批評記事を壁一面に貼り、ピアノの周囲に何本もマイクを立てて録音するための「反省部屋」があった。亡くなる前日も、新たな奏法のアイデアを庄司に語ったという。

転機は恩師の井口愛子（1910〜1984）を振り切り、ニューヨークのジュリアード音楽院へ留学した際に訪れた。当時の日本のピアノ教育で「卵をつかむように」と言われた指を立てる弾き方（ハイフィンガー奏法）の誤りを指摘され、名教師ロジーナ・レヴィーン（18

80〜1976）からロシア伝来の合理的奏法を一から叩《たた》き込まれた。同じクラスにはジェイムズ・レヴァイン（1943〜2021）、エドワート・アウアー（1941〜）、ペク・コヌ（クンウー・パイク＝白建宇＝1946〜）ら、才能豊かな青年がひしめいていた。帰国後は「裏切り者」に近い批判にもさらされ、特定の楽器メーカーから攻撃され、日本ショパン協会には入会を拒絶された。「何年経っても、許されないことがあるのね」と漏らした。「結局、ハイフィンガーを完全に脱却するまでに30年以上を費やしましたから、初期教育は本当に大事です」とも語っていた。

マルタ・アルゲリッチ（1941〜）が優勝した1965年の第7回ショパン国際コンクールで第4位に入賞、最年少者賞も得て以降、中村には「ショパン弾き」のレッテルが貼られた。1968年に発足したCBSソニーレコード（現ソニーミュージック）にも大量のショパンを録音したが、実際のレパートリーはJ・S・バッハから矢代秋雄をはじめとする日本の新作まで幅広く、チャイコフスキーやラフマニノフなどのロシア音楽も好んで弾いた。

1980年、ロシアの名指揮者キリル・コンドラシン（1914〜1981）とN響でラフマニノフ「ピアノ協奏曲第3番」を共演、リハーサルで疑問を感じた巨匠が中村をマエストロ楽屋に呼び、小節単位で「鬼の特訓」を施した際は大泣きに泣いたというが、本番の成果は素晴らしかった。コンドラシンも最後は中村を認め、アムステルダムのロイヤル・コンセルトへボウ管弦楽団と同曲を「ＣＤにしよう」と提案した。翌年の急死でコンドラシンとの録音は幻に終わり、最終的にはエフゲニー・スヴェトラーノフ（１９２８〜２００２）指揮ロシア国立交響楽団との名盤が残った。

私もＪ・Ｓ・バッハの作品で、壮絶な録音セッションを目撃した。デビュー50周年を記念してエイベックス創業者の依田巽《たつみ》さん（１９４０〜）がエグゼクティブ・プロデューサーを務め、ドリー・ミュージックがリリースしたＣＤ９枚とBlu-rayの映像ディスク1枚、豪華解説書などを収めたボックス「Hiroko Nakamura at 2009」のＣＤⅧ冒頭のＪ・Ｓ・バッハ《パルティータ第２番》。２００９年5月中旬、軽井沢大賀ホールを訪れるとベルリンのテルデックス・スタジオから招かれたドイツ人レコーディング・プロデューサー、フリーデマン・エンゲルブレヒトが中村に何度も「ダメ出し」をして、収録が壁にぶち当たった場面に遭遇した。「あなたの演奏はロマンティックにテンポが揺れますが、バッハはキリスト教でも、ルター派プロテスタント（新教）の作曲家でしたから、もっと厳格に再現しなければなりません」とエンゲルブレヒトが指摘した時は夕暮れで、陽が落ちかけていた。「今日はもうここで、打ち切りましょう」と周囲が勧めるなか、中村は「あともう一度、弾かせてください」といい、全6曲の舞曲を通して演奏した。エンゲルブレヒトは「奇跡だ！」とつぶやいて一発「ＯＫ」、ディスクにはこのテイクがほぼそのまま採用されたので、ライヴ録音に等しい。

文筆にも才能を発揮

1982年にはチャイコフスキー国際コンクール審査員に招かれ、1989年に出版したエッセー『チャイコフスキー・コンクール』(中央公論社)は大宅壮一ノンフィクション賞を得た。若いピアニストの育成にも力を入れ、浜松国際ピアノ・コンクールを真の世界的イベントに引き上げ、ラファウ・ブレハッチ(1985〜)やチョ・ソンジン(1994〜)ら後のショパン・コンクール優勝者をいち早く「発掘」する目利きぶりを発揮した。

私は高校生時代、寝室の天井に中村のポスターを貼るほどのファンだった。崇拝に近い気持ちすら抱いていたから「天才」の素顔など知る由もなく、とても強い女性だと誤解していた。ドイツから帰国した翌年に音楽記者へ転じてすぐ、ピンカス・スタインバーグ(1945〜)指揮ORF交響楽団(ウィーン放送交響楽団)の来日記者会見があった。もちろん《戴冠式》を共演するソリスト、「憧れの紘子さま」の真ん前に陣取り、景気よく質問の手を挙げたのだった。

「あるドイツのマエストロが『ショパンはいいけど、モーツァルトはテンポが揺れて今ひとつだ』と言っていましたが、本当ですか?」。経済取材の〝ツッコミ〟が音楽にも通用すると錯覚した記者の愚かさ！　中村はガバッと立ち上がり「あなた、どこの記者？　その指揮者は誰？」と激怒した。

翌年、何の因果か中村の夕刊連載の受け手にされ、事あるごとに上司あてに、「あの担当者を代えてください」とねじ込まれた。最後は「伝家の宝刀」を抜き「私の両親は生前、お母様の中村曜子さんと面識がありました。『娘は絶対、一流のピアニストになる』と信じてなりふり構わず、すべてを紘子さんに注ぎ込む姿に接して『とても私たちには、あそこまでの子育てはできない』と思ったそうです」と明かしたら中村の対応が一変、ようやく打ち解けることができた。いざ心を開き合うと意外なほど波長が合い、しばしば電話で話し込んだ。

読者の中には「実際は本業作家、庄司薫が書いて中村紘子の名前で発表しているのではないか？」と疑う人もいたが、正真正銘、中村の文才の産物だ。どこの国で演奏したり、審査したりしていても寸暇をとらえ、豪快な筆致のファクスを送信。編集者孝行の書き手だった。

晩年は「最初にお腹を見せちゃったから、何でも話せるわ」と公言され、二人共通で「全く評価に値しない」と考える某外国人指揮者の悪口で盛り上がったりもした。「音楽界のご意見番」と目された豪胆な発言の数々は、シャイな努力家を隠す鎧。実像は少女のように傷つきやすく、気配りも行き届いたチャーミングなディーヴァ（芸術の女神）だった。コロナ禍が世界の音楽界に打撃を与え、多くの公演が中止や延期に追い込まれた時、「もし紘子さんが健在だったら、何を発言したのだろう」と、今更ながら不在を惜しむ気持ちがこみ上げてきた。

vol. 4　栗本尊子

©カメラータ・トウキョウ

栗本尊子 Takako Kurimoto（くりもと・たかこ＝1920―2019）

福岡県太宰府生まれ。東京音楽学校卒。1946（昭和 21）年に「蝶々夫人」（プッチーニ）のスズキ役で長門美保歌劇団にデビュー。1952 年の二期会旗揚げに参加、数多くのオペラの日本初演を担った。1953 年には藤原歌劇団の米国公演に呼ばれ、スズキを演じた。1956 年のＮＨＫイタリア歌劇団第 1 回公演のヴェルディ「アイーダ」にも出演。オペラだけでなく、日本歌曲も得意とした。洗足学園大学教授として長年、後進の指導にも携わった。

大正・昭和・平成を生き抜いた偉大な歌の女神

平成最後の年（31年）のお正月、メゾ・ソプラノ歌手の栗本尊子が98歳で亡くなった。大正、昭和、平成の時代を生き抜いた歌の偉大な女神（グラン・ディーヴァ）である。90歳超まで現役を貫き、没後1周年が生誕100年という長寿に恵まれた。毎年8月、日本が太平洋戦争に敗れた夏が訪れると、私は栗本のことを思い出す。

「もう80歳過ぎだけど、声に艶があり、何より〝女の色気〟を感じさせるのが凄いよ」。2000年代初め、懇意にしていた音楽マネージャーから栗本の健在を知らされた。その30年以上前の1960年代末、両親と白黒テレビで「日本の歌」の番組を観ていて、黒いドレスに身を包み、辺りを圧する威力の美声、はっきりした日本語で歌い上げる美貌の「おばさま」に強い印象を受けたのが現役時代の栗本を見た最初で最後だから、80歳代の健在に驚いた。

2005年10月2日、紀尾井ホールのリサイタルに出かけて、二度びっくり。テレビで接した記憶と寸分たがわず辺りを鎮めるほど深々、朗々と響く美声がホールの隅々まで響く。たまたま隣席にいた藤原歌劇団往年のプリマドンナ、私の亡父のいとこに当たる本宮寛子（1943〜）も「すごいわねえ」と、ただただ感嘆していた。

歌もさることながら、美貌も健在だった。若い頃、木下恵介監督（1912〜1998）に「映画女優になりなさい」と声をかけられた。「でも私、歌を歌っていないと演技できないので、最初はお断りしたのよ」と、栗本が明かす。「それでも是非、とおっしゃるので渋々、出るには出ました」。それは劇中に突如として現れる、妖艶なクラブ歌手役。確かに「歌って演技」をしていた。

「この間、むかし着ていたケルビーノ（モーツァルト《フィガロの結婚》の少年役）の衣装を見たの。私のウエスト、あんなに細かったなんて信じられないわ」と笑わせながら、「池田さんは私のケルビーノもスズキ（プッチーニ《蝶々夫人》の侍女）も観ていらっしゃらないのね」と残念がった。ちなみに夫君の栗本正（1920〜1986）はバス・バリトン。J・シュトラウスのオペレッタ《こうもり》の牢番、フロッシュ役で一世を風靡した。労音や民音といった音楽鑑賞団体が全国の公演回数を競い合った時代、時事ネタの風刺に富む正のフロッシュは絶品とされた。旅先で毎朝、新聞数紙を買い求め、新鮮なセリフに差し替えていたという。オルロフスキー役で同行した尊子ともども、日本のオペラ黎明期を支えた大歌手夫妻だった。子どもたちは跡を継がず、長男の透氏（1943〜）は日本石油輸送の社長、会長を歴任した。

改めて調べると、二期会が日本ビクターと契約していた時期に「日本歌曲集」のオムニバス盤やオペラ全曲盤の録音はあるものの、栗本のソロ・リサイタル盤は1枚もない。「この奇跡の歌声を今こそ、CDに残さなければならない」と考え、複数のレコード会社に当たってみたが、「80代の歌手のデビュー盤なんて、今さら出しても売れない」と、断られ続けた。

最後の望みとばかりに、カメラータ・トウキョウのプロデューサー（当時）、末吉佳恵さん（現姓は平澤＝1973〜）に持ちかけた。偶然にも末吉さんの母親が福岡女学院出身で、先輩に当たる栗本の歌を謝恩会で母娘一緒に聴いた経験があった縁から話が進み、86歳のソロ・デビュー盤《愛と祈り〜歌いつがれる日本の歌》の制作に発展した。「ライナーノートに一文を寄せてください」と、バリトン歌手時代に栗本としばしば共演したソニーの大賀典雄名誉会長（当時＝1930〜2011）にお願いした。大賀は「ああ、おタカさん。懐かしいね」といい、「もう自分で書く力が残っていないから、インタビューの聞き書きでお願いしますよ」と、私を事務所に呼んだ。

軌跡の録音セッション

2006年4月、横浜市港南区民文化センター「ひまわりの郷」での録音セッションも、驚きの連続だった。栗本はステージ上で発声練習、ストレッチ体操を繰り返す。「ああ、この筋肉はもう動かなくなったわ、こっちで支えなきゃダメかしら?」などと独り言を発しつつ、発声を支える筋肉の最適ポジションを精確に探し当てていく。周囲には、すでに日本航空を退職した下の息子さんに引率された「お弟子さんチーム」がそろい、恩師の奮闘を見守る。ピアノは塚田佳男（1944～）。自身も声楽出身、日本歌曲のスペシャリストでもあるが、栗本とは活躍の時期を異にする。「なぜ、塚田先生なのですか？」と訊くと、「最近の人のことに疎いから、畑中クンに紹介してもらったのよ」。バリトン歌手で声楽批評の第一人者だった畑中良輔（1922～2012）も、東京音楽学校（現在の東京藝術大学音楽学部）の2年後輩なので「クン」づけ。二期会設立に手を携えた同い年の歌手仲間、中山悌一（バリトン＝1920～2009）のことは「悌ちゃん」と呼んでいた。

録音セッションの話に戻ろう。瀧廉太郎の《荒城の月》には、何と初めて取り組むという。「ずうっと男の歌だと思ってきたから、本当に初めてなのよ」といい、何度も、何度もテイクを重ねた。最後に「今回はこれで諦めるわ」と切り上げたが、「完全に納得したわけではないの。90歳になったら、再録音させてくださいね」と、念を押された。山田耕筰の《ばらの花に心をこめて》では一箇所、明らかに楽譜と違う歌い方をしているので「先生、読譜が……」と恐る恐る指摘すると「これで、いいのよ」ときっぱり。「耕筰先生に『声楽家の生理に反するから、こう歌わせていただきます』と言ったら、『キミの歌い方でいいよ』とお許しをいただいたの」。もはや御意！「どうぞ、そのままお歌いください」と、頭を下げるしかなかった。

ある日、演歌歌手の小林幸子（1953〜）から「池田さん、歌手って何歳まで歌い続けられると思う？」と尋ねられた時、私は栗本のCDを贈り、「まだまだ、先は長いですよ」と書き添えた。

《荒城の月》の再録音とともに、実現しないで終わった私のリクエストには信時《のぶとき》潔の《海行かば》の録音がある。戦争中、多くの日本人がこの歌とともに「名誉の自決」に向かい、責任を感じた信時は戦後に作曲の筆を折ったが、本来そんな目的で書かれた歌ではない。「空襲時は子どもを背負い、鶴見（神奈川県）の町を逃げ回った」という体験を持つ栗本が歌えば、《海行かば》にまつわる禁忌（タブー）も「解けるのではないか」と期待して、お願いし続けた。

ある日、栗本からの質問が末吉さん経由で届いた。「池田さん、戦争中はどちらにいらしたの？」。いえいえ、私はまだ〝卵〟にもなっていませんでした！

vol. 5　クラウディオ・アバド

©木之下晃アーカイヴス

クラウディオ・アバド Claudio Abbado（1933―2014）

ミラノに生まれる。父ミケランジェロ・アバドは、ヴァイオリンの名教育者で、ヴェルディ音楽院院長。ヴェルディ音楽院を経て、ウィーン音楽院で指揮をスワロフスキーに学ぶ。1959年に指揮者デビュー。1968年にミラノ・スカラ座の指揮者、1972年に音楽監督、1977年には芸術監督に就任。スカラ・フィルを設立した。1983年、ロンドン響音楽監督。1986年、ウィーン国立歌劇場音楽監督。1990年、カラヤンの後任としてベルリン・フィル芸術監督に就任、2002年まで在任した。胃がんのためボローニャの自宅で死去。

「本番憑依」の天才、パスタ談義で盛り上がる

イタリアの指揮者、クラウディオ・アバド（1933〜2014）を最初にインタビューしたのは1990年夏。ザルツブルク祝祭（音楽祭）の期間中をとらえ、勤務先の日本経済新聞社が名義主催で加わったヨーロッパ室内管弦楽団（COE）の1991年日本ツアーに向けたパブリシティ記事の取材だった。シャイなマエストロは「フランクフルトから経済新聞の記者が飛んでくる」と聞いて当惑したのか、「単独では不安」と言い出し、ツアーに同行するピアニストのマレイ・ペライア（1947〜）の同席を求めた。生まれて初めて降り立ったザルツブルクの街で私を迎えたのは梶本音楽事務所（現KAJIMOTO）のマネジャー、佐藤正治さん（1950〜）だった。来日公演の目玉はシューベルトの交響曲シリーズ。アバドは作曲家の自筆譜に基づくCOEとの斬新な全曲録音（ドイツ・グラモフォン）で注目を集めていた。「現代音楽にも通じるシューベルトの新奇性を〝書き間違い〟と決めつけ、盆栽を剪定《せんてい》するように整えてしまったブラームスら、後年の校正者の改ざんを正したいと思います」と説明する口調も、明快そのものだった。

当時のアバドはウィーン、ベルリン、ミラノ、ロンドンで名門演奏団体のシェフを歴任し、

キャリアと名声の絶頂にあった。その一方でCOEやマーラー・チェンバー・オーケストラの前身であるグスタフ・マーラー・ユーゲント・オーケストラなど、若い演奏家のアンサンブルの指導に大きな時間を割き、彼らのメンター（精神的支柱）の役割も嬉々《きき》として担っていた。最晩年には母国イタリアのボローニャでモーツァルト管弦楽団を組織、長くライバル関係にあったリッカルド・ムーティ（1941〜）とも若い音楽家の育成を通じて交流を深め、ムーティがルイージ・ケルビーニ管弦楽団に一層の心血を注ぐきっかけを作った。

「ウィーンやベルリンの老舗には固有の奏法が伝わっているだけに、同じ曲を数十回演奏した後に何かを変えなければならないとしたら、楽員は真っ先に抵抗するでしょう。これに対しCOEをはじめ、様々な問題にスポイルされる前の若い音楽家たちとの共演には大きなインスピレーション、新鮮な発見があります」。驚くほど小声ながら、主張は鮮明だった。ザルツブルクでウィーン・フィルハーモニー管弦楽団とのブルックナー「交響曲第4番《ロマンティック》」のリハーサルを見学していた時、アバドはいつものように寡黙だったが、ヴィオラのヴェテラン奏者が「カール・ベーム（1894〜1981）はそのように指揮しなかった」と漏らした瞬間、別人のように大声を上げた。「ベームじゃなくて、ブルックナーです。何よりも楽譜の指示に従ってください」と叫ぶなり、スコアをバタンと大きな音で譜面台に叩きつけた。

権威主義をどこまでも嫌い、どんな若い演奏家であっても自らを「マエストロ（巨匠）」と呼ばせることを好まず「クラウディオ」で通すのもアバドの流儀だった。ミラノの名門音楽一家の出身だが、1968年の世界規模の学生紛争をきっかけにイタリアやフランスを席巻したユーロ・コミュニズム（欧州共産主義）思想の洗礼を受け、盟友のマウリツィオ・ポリーニ（ピアニスト＝1942〜）らとともに工場労働者のための無料演奏会を開いたこともあった。2003年に高松宮記念世界文化賞を受けた際の記者会見でも「ヨーロッパのメディアを牛耳る人物が政権まで掌握するのは間違っている」とイタリアのシルヴィオ・ベルルスコーニ首相（当時＝1936〜）を公然と批判、隣に座っていたフィアットの総帥ウンベルト・アニエッリ（1934〜2004）を慌てさせた。

音楽の平等を希求する姿勢は1990年、ヘルベルト・フォン・カラヤン（1908〜1989）の後任としてベルリン・フィルハーモニー管弦楽団の芸術監督に就いて以降も変わらず、長らく上意下達の「タテ」構造が支配した指揮者と楽員の関係を同じ平面に立つ「ヨコ」関係へと一変させた。ベルリンの後任監督サイモン・ラトル（1955〜）もその路線を踏襲し、今や世界の指揮者のデフォルト（標準値）となった人間関係を定着させた歴史的な功績はもっと顧みられ、高く評価されていいと思う。最晩年にはアバドの人柄を慕う世界の名手がスイス・ルツェルンの音楽祭に集まり、ルツェルン祝祭管弦楽団の面目を一新、2006年には日本公演も行った。協調性の極みだけに協奏曲の指揮も巧み、ポリーニはもとよりマルタ・アルゲリッチ（1941～）、イヴォ・ポゴレリチ（1958～）ら「一筋縄ではいかない」タイプのピアニストもアバドとの共演を重ねた。

命がけのオペラ指揮

1973年のウィーン・フィル日本公演で初めて日本を訪れた際、40歳の新進指揮者の「血湧き肉躍る」あるいは「斬新な」音楽を期待した批評家たちはオーケストラの持ち味をひたすら生かし、曲にすべてを語らせるアバドの芸風に肩透かしを食らった反動からか「ボンクラ」「でくの坊」などなど、今では想像もできないほど否定的な評価を下した。それが一変したのは1981年、ミラノ・スカラ座初の「引越し公演」でヴェルディの《シモン・ボッカネグラ》（ジョルジョ・ストレーレル演出）と《レクイエム》、ロッシーニの《セビリアの理髪師》（ジャン＝ピエール・ポネル演出）を指揮した時だ。同じツアーではカリスマの極み、カルロス・クライバー（1930～2004）もヴェルディの《オテロ》、プッチーニの《ラ・ボエーム》（ともにフランコ・ゼッフィレッリ演出）で伝説の名演を成し遂げたが、当時スカラ座音楽監督だったアバドの指揮もまるで遜色はなく、オペラの世界での傑出した力を見せつけた。

1986～1991年に音楽監督を務めたウィーン国立歌劇場の日本公演でも1989年に

ロッシーニの《ランスへの旅》（ルカ・ロンコーニ演出）、ベルクの《ヴォツェック》（アドルフ・ドレーゼン演出）、1994年にモーツァルトの《フィガロの結婚》（ジョナサン・ミラー演出）、ムソルグスキーの《ボリス・ゴドゥノフ》（アンドレイ・タルコフスキー演出）と幅広いレパートリーを手がけ、素晴らしい成果をあげた。

個人的に「アバド指揮で接したオペラ」の頂点に位置するのは2000年11月に東京で観たザルツブルク・イースター音楽祭日本公演、ベルリン・フィルを指揮したワーグナーの《トリスタンとイゾルデ》（クラウス・ミヒャエル・グリューバー演出）である。がんとの闘病中だったアバドの体調は優れず、極秘裡に都内の大学病院に入院、点滴を打ちながら東京文化会館へ通っていた。当時のベルリン・フィルには「アンチ（反）アバド」派の楽員も少なからずいたが「一人の人間が生命の危機に晒されながらなお、至高の音楽に奉仕しようと力を振り絞る姿に接し、感動しない音楽家はいない」（首席オーボエ奏者のアルブレヒト・マイヤー＝1965〜）との気持ちで一つになり、空前絶後の名演奏を繰り広げた。最終日の終演後に当たる時間、宿舎の帝国ホテルに近いJR有楽町駅界隈の飲食街で出くわしたコンサートマスター（当時）、ほろ酔い気味のダニエル・シュタブラーヴァ（1955〜）の達成感に満ちた表情も忘れられない。

アバドのリハーサルは確かに小声で聞き取りにくく、ベルリン・フィルでも就任当初は後方の楽員から「聞こえません！」と叫ばれたりしたが、基本は言葉よりもタクト、身体表現に委ねていた。生前最後にベルリン・フィルへ客演した際、コンサートマスターを務めた樫本大進（1979～）も「リハーサルは結構大変で、何を言っているかわからない部分が多かったです。『大丈夫かな？』と思いながら、精一杯がんばるうち、『みんなと一緒につくる音楽なのだよ』と温かく受け入れてくださる気持ちが通じ、自然に『この人のために弾きたい』と思い、インスピレーションがどんどん入ってきました。本番でも何かの拍子にエンジンがかかった途端、この世のものとは思えない音楽が生まれるので、天才肌としか言いようがありませんね」と振り返った。

私もアバドの実演、映像に接するたび、スイッチオン＝憑依《ひょうい》の瞬間以降、急激に変貌する音楽の奔流に圧倒され続けた。1998年10月19日のサントリーホール。ベルリン・フィル日本公演のマーラー「交響曲第3番」はまさに〝上手の手から水が漏れる〟で、それまで整然と進行していたアンサンブルが突然大きく乱れた。世界一の名人集団だけに自主的に立て直す努力も随所で始まったが、アバドが奮い立ち、渾身の力でタクトを振り下ろした途端、すべてが「ビシッ」とそろった。ごくたまに「何も起きない」演奏もあったから、アバドのライヴに出かけること自体が一つの賭け、スリルだったのも懐かしい思い出だ。

ザルツブルクの初インタビューで、「ベートーヴェンならドイツ人、チャイコフスキーならロシア人……」という日本の聴衆の〝本場〟志向を私が説明すると、アバドもペライアも「それはレイシズム（人種差別主義）だ」と口をそろえて批判した。「でもマエストロ、パスタは絶対に日本よりイタリアの方が美味しいと思っているでしょ？」と、予想もできない角度からたたみかけてみた。クラウディオさん、しばらく沈黙した後に「そんなことはありません。六本木のナントカという店のシチリア風の味付けは一級品ですよ」と絞り出すように答え、チャーミングだった。私たちは以後の来日のたび、このネタを蒸し返しては笑い合った。

最後に言葉を交わした時、「イタリアの聴衆がオペラにしか関心を示さないのは嘆かわしい」と言い、「バジリカータ州にはルネサンス時代、カルロ・ジェズアルド（１５６６～１６１３）という素晴らしいマドリガーレの作曲家がいました。これからは同地にも足繁く通い、ジェズアルドも手がけたいと考えています」と夢を語った。夢は夢で終わってしまったが、バジリカータに興味を持った私は土着品種の「アリアニコ」を使った素晴らしい赤ワインの存在を知ることができた。同時に「彼女は本当に素晴らしいよ」とコメントしたマーラー・チェンバーのオーボエ奏者、吉井瑞穂（１９７０～）も今や銘醸ワインのように、世界を代表する名手の一人に熟した。アバドのまいた種は、これからも様々な花を咲かせていくに違いない。

vol. 6　武満徹

©木之下晃アーカイヴス

武満徹 Toru Takemitsu（たけみつ・とおる＝1930—1996）

　東京生まれ。独学で作曲を学ぶ。ピアノ曲《２つのレント》で作曲家デビュー。シュールレアリスム詩人の瀧口修造のもとに結成された実験工房に参加。最初は酷評もされたが、《弦楽のためのレクイエム》を来日したストラヴィンスキーが評価して、流れが変わった。ニューヨーク・フィルハーモニック125周年の委嘱作品、琵琶、尺八とオーケストラのための《ノヴェンバー・ステップス》（1967年）が海外で知られるようになる。映画やテレビの音楽も数多く手がけた。

取っつきにくい風貌、だが「話せばわかる」宇宙人

2020年。武満徹の生誕90周年はベートーヴェン生誕250周年と重なった上、降ってわいた新型コロナウイルス世界拡大（パンデミック）の騒ぎにかき消され、かすんでしまった。明治維新で西洋音楽を本格導入した日本が100年後、ついに生んだ世界的作曲家の素顔は「宇宙人」を思わせる取っつきにくい風貌とは真逆といえた。若く無名のファンや専門外のジャーナリストとも気さくに酒を酌み交わし、議論する時間をこよなく愛していた。

私は90年のちょうど半分、45年間を武満の音楽とともに歩んできた。最初は1975年9月1日、新宿にあった東京厚生年金会館大ホール。5年前に開局したばかりの民放局「FM東京（TokyoFM）」の音楽プロデューサーだった東条碩夫《ひろお》さん（1939〜）が「清水《きよみず》の舞台から飛び降りる覚悟」で芸術祭参加の新作を武満に委嘱、この日が40歳の誕生日に当たっていた小澤征爾（1935〜）が3年前に組織したばかりの新日本フィルハーモニー交響楽団を指揮して、《カトレーン》の世界初演に臨んだ。メシアンの《時の終わりのための四重奏曲》（1940）を演奏するためにピーター・ゼルキン（ピアノ＝1947〜2020）、アイダ・カヴァフィアン（ヴァイオリン＝1952〜）、フレッド・シェリー（チェロ＝1948〜）、リ

チャード・ストルツマン（クラリネット＝1942〜）の4人が結成した「アンサンブルTashi（タシ）」のソロと管弦楽による、合奏協奏曲風の作品である。

高校2年生の生意気盛りだった私はFM東京の社外モニターに合格、自由に番組を選べるのをいいことに、クラシック音楽番組への辛口レビューを書きまくった。年に2回のモニター会議のたび、東条さんが現れては「また、キミですか！」と呆れ果てていた（大学入学後に入部した音楽鑑賞サークルの大先輩であることが判明して以後、半世紀近くにわたって頭が上がらないという結果を招いた）。とにかく「世界のタケミツ＆オザワ」に強い関心を抱き、モニターの特権で招待券をいただき、世界初演の瞬間に立ち会うことができた。

「ドビュッシーの影響」を受けたと指摘される武満だが、自分の耳には『源氏物語』を思わせる日本の幽玄が聴こえてきた。それまで抱いていた「難解な楽曲の作曲家」の偏見は瞬時に消え去り、「こんなに美しい音楽。もう一度、聴きたい！」と後日の放送後、珍しく絶賛一色のモニター報告を東条さんに送った。武満が亡くなって数年後、遺品の中から、高校2年生の私が書いた報告のコピーが見つかった。「もう一度、聴きたい！」の部分に、武満自身が引いたと思われる太い下線があった。東条さんからはご褒美？　に、初演スコアの青焼コピー（かつて主流だったジアゾ式複写技法のこと。光の明暗が青色の濃淡として写るため、このように呼ばれる＝インターネット百科事典「ウィキペディア」より）をプレゼントされた。

1980年12月1日。東京文化会館大ホールの「民音現代作曲音楽祭」ではカヴァフィアン独奏、尾高忠明（1947〜）指揮東京フィルハーモニー交響楽団による実質的なヴァイオリン協奏曲《遠い呼び声の彼方へ！》の世界初演を聴いた。新作初演の演奏会が往復はがき申込抽選制、無料で聴けた時代。主催の民音は再演への願いをこめ、初演作の楽譜出版の面倒までみていた。私は小澤がボストン交響楽団と録音した《カトレーン》、《鳥は星形の庭におりる》を収めたドイツ・グラモフォンの輸入盤LPレコードとマジックインキを持参、柱の陰に隠れていた？　武満を〝発見〟するなり駆け寄って、サインをお願いした。

「このインキは消えませんか？」「油性だから大丈夫です」。これが二人の最初の会話だった。

1993年に日本経済新聞社在籍のまま、経済分野から文化部へ転じてからは、直接お話しする機会が増えた。最も印象に残った会話は二つ。最初は1994年に武満がパシフィック・ミュージック・フェスティヴァル（PMF）札幌のレジデント・コンポーザーとなり、すすきのの居酒屋で一緒に飲んだ晩だ。「ジャーナリストはもっと若い作曲家を積極的に紹介すべきです」と熱弁を振るう大作曲家に対し、「お言葉ですが、武満さんみたいに世界的な先輩作曲家が、後輩を推薦してくださらないことには私たち、さっぱり判断できないのです」と切り返した。

もう一つは1995年。武満のがん闘病を記事で公表した私に向けた非難が集中した時、ご本人から東京オペラシティ開設準備の記者会見で呼び止められた。「気にしないでいいよ。記事が出たおかげで、闘病の気力がわいてきた」と慰められ、救われた。翌年、開場を待たずに亡くなり、ホールには武満の名が冠せられた（タケミツメモリアル）。東京オペラシティ文化財団が創設した「武満徹作曲賞」は毎回、一人の作曲家による単独審査方式を採用しているので、札幌の一夜の議論は「有効打だったかも」と一人、勝手に想像している。

「武満の夢」を形にする

文筆でも一家を成した武満最後の単行本『時間《とき》の園丁』（新潮社）の中の一章、「現代音楽と『わかりやすさ』」は、「日本経済新聞」1994年1月30日付に掲載された拙稿「わかりやすい武満徹」の取材に際し、私がファクス送信した質問と、それに対する武満の回答を再構成したものだ。「音楽は知的に細分化されて（中略）肉体を失ってしまった。専門家のためだけの音楽となって多くの聴衆を失ってしまうことになりました」と指摘する作曲家は、「最近では少しでも息の長い（つまりそこに呼吸が通う）旋律を書きたいと思うようになってきましたが、それは自分の音楽に歌（官能性）を回復したいと考えているからです」と明言した。取材は服部隆之（1965〜）らがアレンジ、石川セリ（1952〜）が歌ったＣＤ「翼〜武満徹ポップ・ソングス」（日本コロムビア）のリリースを受けて企画。武満は「ポップ・ソングがCD化されることについては、これは本来多くの聴衆を念頭に置いて作られたものですから、少しでも多くの人に聴いてもらいたいので、CD化されることはうれしいことです」と率直だった。

私は「夢はいつか、形になる」という言葉が好きだ。17歳で「カトレーン」と邂逅した生意気な少年は音楽記者となった33年後、エイベックス創業者の依田巽さん（1940〜）が私財を提供、クラシック音源の制作を補助する「TYサポート・プログラム」の審査員枠を利用して「武満徹ソングス」の企画をカメラータ・トウキョウに持ち込んだ。歌はオペラを目指す前はアイドル歌手志望、日本テレビ系のオーディション番組「スター誕生」の本選出場経験もあり、何より日本語を美しく歌える二期会のプリマドンナ腰越満美（ソプラノ＝1965〜）と、イタリア帰りの新進でピアノもプロ級の腕前の羽山晃生（テノール＝1967〜）の二人が分担。多くが映画やドラマの伴奏か挿入歌で正式の伴奏譜のないパートを独自にアレンジ、他の楽器も交えながら演奏する才人の山田武彦（1965〜）がピアノを弾いた。山梨県の桃源文化会館桃源ホールでソプラノ、テノールの二度に分け、セッションを組んだ。ライナーノートには『時間の園丁』の文章を再録、身内の知人であるドイツ人デザイナーに装丁をお願いして、2008年11月のリリースを実現した。武満の早すぎる死から、12年が経っていた。

1994年当時、武満は親交のあった日系米国人指揮者ケント・ナガノ（1951〜）と彼が音楽監督（当時）を務めるフランスのリヨン国立歌劇場からオペラ作曲の委嘱を受けていた。「タケミツ初のオペラ」には何より本人が期待に胸を膨らませ、大江健三郎（１９３５〜２０２３）との対談本『オペラをつくる』（岩波新書）まで出版した。しかし「私は、オペラ的なものを創りたいので、それは単に音楽作品として完結してしまうようなものではなく、もっと綜合的な問題提起ということになるでしょう」（『時間の園丁』より）との夢は、夢のままで消えた。米国人バリー・ギフォード（１９４６〜）が書き下ろした台本《マドルガーダ》は後輩作曲家、野平一郎（１９５３〜）に委ねられ、２００５年8月のドイツ、シュレスヴィヒ＝ホルシュタイン音楽祭でナガノが世界初演した。

諦めきれないナガノは武満の代表作をつないだポプリ（接続曲）に基づく音楽劇《マイ・ウェイ・オブ・ライフ》をペーター・ムスバッハ（１９４９〜）演出で舞台化した。私は２００４年10月のベルリン州立歌劇場世界初演から２００５年1月のパリ・シャトレ座再演、6月の東京文化会館まで、ナガノが指揮した全上演を追いかけた。かなり奇抜な舞台ではあったが、オペラを形にできなかった「徹さん」（と、皆が呼んでいた）の夢を少しでも、共有したいと思った。

vol. 7　イダ・ヘンデル

提供：㈱ソニー・ミュージックレーベルズ

イダ・ヘンデル Ida Haendel（1928―2020）

ポーランド・ヘウム出身。3歳でヴァイオリンを始め、5歳の時にベートーヴェンの「ヴァイオリン協奏曲」を演奏して、ワルシャワのショパン音楽大学で金賞、およびフーベルマン賞を受けた。1935年（7歳）にはダヴィド・オイストラフ、ジネット・ヌヴーら年長者がしのぎを削ったヴィエニャフスキ国際ヴァイオリンコンクールで最終選考まで進出。ベルリンでカール・フレッシュ、パリでジョルジェ・エネスクに師事した。90歳を過ぎても現役を続け、2006年には旧ナチスのアウシュヴィッツ強制収容所跡（ポーランド・ビルケナウ）で、ローマ法王ベネディクト16世を前に演奏した。

アルゲリッチを〝特訓〟した作曲家の使徒

長くヴァイオリンの「女王」に君臨したイダ・ヘンデルが2020年6月30日に亡くなった。生年には諸説ある。二人の偉大なヴァイオリニストで名教師、カール・フレッシュ（1873〜1944）とジョルジェ・エネスク（1881〜1955）の下で同門だったイヴリー・ギトリス（1922〜2020）を取材した折に訊くと「フレッシュ先生のところに入門した時点でイダの方がお姉さん弟子だったから、絶対に僕より年上だよ」と言って譲らなかった。もし本当なら、100歳近くでの大往生となる。

2004年5月、第6回「別府アルゲリッチ音楽祭」に招かれ四度目の来日を果たした機会をとらえてイダの練習から本番まで立ち会い、インタビューする機会に恵まれた。

東京藝術大学音楽学部の学生アンサンブルとサラサーテの「カルメン幻想曲」をリハーサルしていると、イダが言い放った。「あなたたち、カルメンがどんな女性か知っているの？　エロスで男を破滅させる女なのだから、もっと妖艶な音を出さなきゃダメだわ」。真っ赤な服装に高いピンヒールの靴でイダが全身をくねらせ、カルメンを懸命に〝演じる〟と、合奏の音色が一変した。

似たような現象は1998年5月25日のサントリーホール、サイモン・ラトル（1955〜）指揮バーミンガム市交響楽団のゲネプロ（会場総練習）中にも起きた。イダは前夜の札幌でも同じブラームスの協奏曲を弾いたので、サイモンとは「ほんのチェック」程度の合わせだったはず。だが「何か、しっくりこないわね」と言い出し、首席ヴィオラのところに移動した。たった一箇所をヴィオラ奏者と二人で丁寧に合わせると「これで大丈夫。今夜もうまくいくはずよ」とサイモンに伝え、颯爽《さっそう》と去っていく。本番はもちろん名演だった。後輩ヴァイオリニストの前橋汀子（1943〜）も外国公演から成田空港に帰国したその足で駆けつけ、感激していた。

ユダヤ系ポーランド人として第二次世界大戦中、独ナチス政権によるホロコースト（大量殺戮）の恐怖をリアルタイムで体験、流転の人生を強いられる中、イダは「輪廻《りんね》転生を確信するようになった」という。「抹殺された人々の魂は、例えば、日本の若いヴァイオリニストのところにも戻ってきているのです。これを信じなければ、なぜ私が3歳の時、初めて手にしたヴァイオリンを即座に弾けたのかの説明もつきません」。

仏教や禅の思想まで視野を広げ、社会と音楽を洞察する目を授けてくれたのは「あらゆる角度からみて偉大な天才指揮者、セルジュ・チェリビダッケ（1912〜1996）でした」。天才に抱いた恋心は成就しなかったが、1953年3月にチェリビダッケ指揮ロンドン交響楽団と旧ＥＭＩ（現ワーナーミュージック）に収めたブラームスの「ヴァイオリン協奏曲」はモノラル録音ながら聴きやすく、二人の死後も永遠に輝いている名盤だ。日本でも１９８３年のケネス・シャーマーホーン（１９２９〜２００５）指揮香港フィルハーモニー管弦楽団、１９９８年のラトル指揮バーミンガム市響の2回、ブラームスを弾いている。

シベリウスの「ヴァイオリン協奏曲」も十八番だった。１９４９年にヘルシンキで演奏し、作曲家自身から解釈を絶賛された。１９８２年にはフィンランドのシベリウス協会から「シベリウス・メダル」も受けている。入手しやすい録音だけでも、①カレル・アンチェル（１９０８〜１９７３）指揮チェコ・フィルハーモニー管弦楽団（１９５７年10月18日、プラハ・ルドルフィヌムのドヴォルザーク・ホールでのライヴ録音＝チェコ・スプラフォン）、②パーヴォ・ベルグルンド（１９２９〜２０１２）指揮ボーンマス交響楽団（１９７５年7月7＆8日、英サウスハンプトン・ギルドホールでのセッション録音＝ＥＭＩ）、③ラトル指揮バーミンガム市響（１９９３年9月7日、英ロンドンのロイヤル・アルバート・ホールでのライヴ録音＝英テスタメント）の3種類が存在する。

私はＥＭＩ１９７５年録音の国内盤が発売された時のＬＰ盤を今も所有し、リマスタリングを施したＣＤも愛聴してきた。初出の折、どうした風の吹き回しか、練達の合唱指揮者かつ評論家で藤沢市民オペラの創設者として高名だった福永陽一郎さん（１９２６〜１９９０）が

「音楽現代」誌の新譜批評で「音が小さく細く、ヒステリックな女性ヴァイオリニストの典型みたいな演奏」と酷評したのが目に止まり、かえって興味を掻き立てられたのが購入のきっかけだった。

フィンランド人を母に持つ日本フィルハーモニー交響楽団創立指揮者の渡邉曉雄（1919～1990）が演奏するシベリウスの「交響詩《フィンランディア》」と出会い、クラシックに目覚めた私は後年、音楽の取材で九度もフィンランドを訪れた。北欧のオーケストラやソリスト、作曲家の表現はイタリアやドイツ、フランスと違い、ひたすら内面へと向かう「小声の音楽」で、底の底に到達して初めて大きな爆発が訪れる。ヘンデルとベルグルンド（スウェーデン系フィンランド人）のシベリウスも内側へのベクトルを貫き、豪快なロシア系ヴィルトゥオーゾ（名手）が旧ソ連や米国の巨大なサウンドのオーケストラをバックに録音した「名盤」の数々とは全く異なる音楽だった。福永氏はそこに、当惑したのかもしれない。

「男勝り」は嫌い

ポーランド系ユダヤ人のバックグラウンドもあり、第二次世界大戦前後に不遇をかこっていた時期のイダは北欧や旧ソ連・東欧などのドイツ語圏以外、ヨーロッパの辺境で積極的に演奏した。17歳だった前橋汀子はレニングラード（現サンクトペテルブルク）音楽院の100周年記念に旧ソ連初の国費留学生として入学した直後、30代のイダの実演に接している。東京の母に「すごく年配の女性ヴァイオリニストを聴きました。私もあの年まで、弾いていられるかしら？」と手紙を書いた。前橋は「今の私、とっくに当時のイダの年齢を超えてしまったわ」と笑うが、ヴァイオリンのレジェンド（伝説）として確実に先輩の後を追っている。

イダは別府でのインタビューで、「男勝りを気取り、楽器を暴力的に鳴らす女性奏者の何と多いことでしょう」とも嘆いてみせた。「私は作曲家や文化圏、時代ごとに異なる様式を適確に弾き分ける才能を授かりました」と自負。絶え間ない読譜を通じて「作曲家だけが私のグル（教祖）です」と言い切った。

アルゲリッチ（1941〜）の才能には惚れ込んでいたが、フランクの「ヴァイオリン・ソナタ」のリハーサルでは様式観に不満を覚えた模様だった。「マルタはあの年になってもまだ、ソナタ形式を精確に把握していないのよ」と言い残し、リハーサルに戻った。本番は？——特訓し過ぎた結果なのか、アルゲリッチが〝借りてきた猫〟みたいに固まってしまい、イダの凛《りん》と引き締まった美音だけが記憶に残る結果で終わった。

「せっかく産み育てた子どもたちが戦場に消える愚を断ったため、世界中の女性たちが一定期間、妊娠を拒否することで立ち上がる時機かもしれないわね」。過激に響く言葉の端々に、平和と女性の幸福への強い願いがこもる。生涯現役を貫いた偉大な芸術家が今も健在であれば、周囲の反対を押し切って単身ウクライナへ乗り込み、音と言葉で「魂のメッセージ」を発していたに違いない。

vol. 8　ラドミル・エリシュカ

©札幌交響楽団

ラドミル・エリシュカ Radomil Eliška（1931—2019）

チェコ・ズデーテン地方生まれ。ブルノ大学でレオシュ・ヤナーチェクの高弟、ブルジェスティスラフ・バカラに師事した。カルロヴィ・ヴァリ交響楽団の首席指揮者を選ぶコンクールで優勝、1969 年から首席指揮者兼音楽監督を務めた。1978 年からプラハ芸術アカデミーで教え、指揮科教授に就いていた。2004 年以降、日本の多くのオーケストラに客演し、札幌交響楽団では首席客演指揮者（後に名誉指揮者）のポストにあった。

札響をこよなく愛したチェコの名匠

チェコの名指揮者、ラドミル・エリシュカは2019年9月1日、88歳で亡くなった。2004年に73歳で日本デビュー、17年10月28日に札幌コンサートホール「Kitara（キタラ）」で生涯最後の演奏会を行うまでの間、名誉指揮者を務めた札幌交響楽団（札響）とはとりわけ深い信頼関係で結ばれていた。「私があと20歳若かったら、音楽監督も引き受けられたでしょう。日本各地のオーケストラに客演しましたが、楽員と聴衆、ホール、街の全体を『私の』と感じ、愛せるのは札幌だけです」。

1969〜1990年にカルロヴィ・ヴァリ交響楽団の音楽監督・首席指揮者を務めた国内キャリア以外、目立ったポストに就くことなく、プラハ芸術アカデミー指揮科で30年間（最後は教授）レッスン・プロの職責を全うした。ドヴォルザーク没後100周年に当たった2004年、チェコ音楽に造詣《ぞうけい》の深かったNHKの音楽プロデューサー（当時）、梶吉洋一郎さん（1955〜2020）が放送用の演奏会と録音を企画、チェコの楽団に在籍するトロンボーン奏者の尚子プロハスコヴァの紹介でエリシュカの招聘《しょうへい》を決めた。オーケストラは東京フィルハーモニー交響楽団と名古屋フィルハーモニー交響楽団。NHKの録音と録画に触れた札響音楽監督（当時）の尾高忠明（1947〜）が「間違いなく本物だ」と即断し、2006年の札響デビューを決めた。

初めての日本に到着してすぐ、梶吉さんの依頼で東京・大久保の「ホテル海洋」（今は跡形もない）を訪ね、エリシュカの日本初インタビューが実現した。マエストロはビロード革命（1989年）以前の共産主義時代に作られた冴えない発色のチェコ語プロフィールを差し出すと、私たちの共通言語になったドイツ語で、とつとつと自己紹介を始めた。

「私が担当する五つのクラスで最も優秀な学生を、尊敬する先輩、ヴァーツラフ・ノイマンさん（1920〜1995）の特別クラスへ送り込む使命に喜びを感じていました。みな経歴には『ノイマンに師事』とだけ記し、私の名前まで書く生徒はごく少数でした」。そんなことはありませんせん、と今なら言える。バンベルク交響楽団首席指揮者でロンドンのコヴェントガーデン・ロイヤルオペラの次期音楽監督に内定したヤクブ・フルシャ（1981〜）はすべての予定をキャンセルしてエリシュカの臨終に駆けつけ、葬儀で弔辞を読みあげた。ドイツのエッセン歌劇場音楽総監督トマーシュ・ネトピル（1975〜）に2022年秋、読売日本交響楽団への客演に先立つインタビューをテレワークで行った折もエリシュカに話が及ぶと、画面の向こうでスマホの写真ファイルを開いてツーショットを見せながら「実力、人格とも最高の先生でした」と、深い思いを打ち明けた。エリシュカ夫妻も来日するたび、フルシャら弟子たちの日本での評判を私に尋ねていた。

コンサートホールへの復帰は1995年にノイマンが亡くなり、自身も古希（70歳）を迎えた2001年。21世紀に入ったタイミングでのカムバックだった。札響とは2006年12月8〜9日、札幌コンサートホール「Kitara（キタラ）」の第494回定期演奏会が初共演。メインのリムスキー＝コルサコフの「交響組曲《シェエラザード》」で楽員、聴衆の心を一瞬にしてとらえ、相思相愛の関係が始まった。以後ほぼ年2回のペースで札響に客演、最後の演奏会まで24種類のプログラムを42回指揮した。最後の曲は再び《シェエラザード》。ドヴォルザーク、チャイコフスキー、ブラームスの交響曲からスメタナの「交響詩《我が祖国》」《シェエラザード》まで、数多くのライヴ盤を札響と作った。私も毎年4月と10月の2回、札幌へ飛んではエリシュカと札響の名演を聴き、マエストロを囲んで食事するのを楽しみにしていた。チェコ人の食生活はおおむね質素だから「何でも美味しい」と言い、「サッポロライオン」狸小路店の塩焼きそば（「日本のパスタ」と呼んでいた）が大の好物だった。

日本で過ごした14シーズンは、札響以外からも引く手あまた。NHK交響楽団、東京フィル、東京都交響楽団、読響、東京佼成ウィンドオーケストラ、名古屋フィル、京都市交響楽団、大阪フィルハーモニー交響楽団、日本センチュリー交響楽団、九州交響楽団。2014年3月には東京芸術劇場主催の第3回「音楽大学フェスティヴァル」へ招かれ、首都圏8校の音大生選抜オーケストラまで指揮している。N響とのスメタナ《わが祖国》全曲は初共演だったにもかかわらず、２００９年の「定期会員が投票したベスト・コンサート」の1位に選ばれた。

札響との《シェエラザード》で幕

エリシュカの指揮芸術と演奏解釈は、派手な演出効果を狙わず「楽譜に忠実に」をモットーとした新即物主義者（ノイエ・ザハリヒカイト）の世代に属する。入念な読譜を通じて様式を究め、作品に対する明確なイメージを求める。厳しく入念なリハーサルを重ね、「作品に最もふさわしい音」を創り上げていく。長く指揮法の教授だったので棒さばきに曖昧《あいまい》さがなく、オーケストラの「弾き間違い」も最小限にとどまる。「民族固有のリズム&節回し」「作曲当時の時代精神」など楽譜に書かれていない部分に魂を注入する。どの日本のオーケストラも弦の透明感とともにチェコ音楽特有のニュアンスを細やかに再現できたのは、チェコ・ドヴォルザーク協会会長も長く務めたエリシュカの〝マジック〟のおかげといえた。

２０１7年4月の客演後に体調を崩し、医師から渡航禁止を言い渡されると、「日本の皆さんに直接お礼、お別れを告げずに去ることはできない」と返し、ひと夏を費やして体調を整え、最後の来日を果たした。10月19〜20日、大阪フェスティヴァルホールの大阪フィル第５１２回定期演奏会と27〜28日、Ｋｉｔａｒａ（キタラ）の札響第６０４回定期で日本のキャリアを閉じた。新日本フィルハーモニー交響楽団との初共演など、以後のスケジュールはすべてキャンセルした。

エリシュカは札響との「出会いの曲」でもあった《シェエラザード》で生涯最後のタクトを納め、たっぷりの余韻とともに消えた。しばしの沈黙の後、拍手は25分以上も続き、マエストロは楽員退出後も単独で、何度か舞台に呼び戻された。チケットの裏には「〜エリシュカ最後の日本公演〜ありがとうマエストロ、ありがとう札響」の文字が記されていた。定期会員、楽員はもとより、定宿ホテルの従業員までもがそれぞれ、感謝の寄せ書きを贈った。

最後の演奏会の数か月後、プラハのエリシュカ夫妻から英文の手紙が届き、日本での14シーズンの詳細な演奏活動の記録が同封されていた。読み終えた私は、大泣きに泣いた。

「私は以後ずうっとプラハにおりますが、記憶は絶えず日本へと向かいます。日本での演奏会の大半は、成功だったと願いたい。札響のＣＤは私の音楽仲間、同僚たちから、お褒めの言葉をいただいています。池田さん、あなたは私の解釈を自身の批評眼、理解力を介して数多く、発信してくださいました。私はチェコおよびヨーロッパの音楽を素晴らしい文化の国、日本の皆様にお伝えする良きメッセンジャーであったと思いたいです。チェコでは、こうした音楽の真髄はごく限られた専門家の間でしか理解されません。悲しいかな、それが当地の文化事情なのです。貴兄の公私両面での大きな成功、健康、幸福を祈ります。妻とともに、ラドミル・エリシュカ」。

エリシュカが2019年に天へと旅立って1年後の全く同じ9月1日、梶吉さんが65歳で亡くなった。今ごろは「記憶は絶えず日本へと向かっています」と語ったマエストロと彼岸で再会、二人で制作した数多くの録音も交え、札幌の思い出話に花を咲かせているはずだ。

最後に一つだけ、意外にシビアだった「教師エリシュカ」の毒舌を紹介しておこう。「プラハで教職に専念していた時期は時間に余裕がありましたから、チェコ・フィルの演奏会はほぼ全部、聴いています。ある日、ハンガリーで活躍する日本人指揮者が得意のリスト、バルトーク、コダーイを並べたコンサートがありました。素晴らしかったのは確かですが、私の判定は『三つ星のウィスキー』。生徒たちにはいつも『五つ星のコニャックを目指せ』といい、厳しく鍛えたものです」。さてこれ、誰の指揮を指しての発言だったのでしょうか？

vol. 9　マリス・ヤンソンス

©木之下晃アーカイヴス

マリス・ヤンソンス Mariss Jansons（1943―2019）

ラトヴィアのリガ生まれ。父はレニングラード（現サンクトペテルブルク）フィルの指揮者アルヴィド・ヤンソンス。レニングラード音楽院でピアノ、ヴァイオリン、指揮を学んだ後、ウィーン国立アカデミーに留学。ハンス・スワロフスキー、カール・エステルライヒャーに師事したほか、ザルツブルクの講習会でヘルベルト・フォン・カラヤンの指導を受けた。1971 年デビュー、オスロ・フィルハーモニー管弦楽団やピッツバーグ交響楽団を経てバイエルン放送交響楽団首席指揮者、ロイヤル・コンセルトヘボウ管弦楽団常任指揮者を務めた。

「命がけ」で全身全霊切り刻み、音楽と人間に尽くす

音楽家にも「いい人」はたくさんいるが、マリス・ヤンソンスほど「底抜けにいい人」は稀だったと思う。日本では最初、東京交響楽団（東響）永久名誉指揮者アルヴィド・ヤンソンス（1914〜1984）の「息子」と認知され、レニングラード（現サンクトペテルブルク）フィルハーモニー交響楽団と初来日した1977年は音楽監督エフゲニ・ムラヴィンスキー（1903〜1988）の「補佐」、同フィル1986年の日本ツアーも「代役」で軽くみられがち。日本の楽団から招かれる機会がないまま、瞬く間に世界最高ランクまで上りつめた。2014年のアルヴィド生誕100年に際し、東響へ客演する可能性はゼロではなかったが、実現しなかった。「子どもの頃から、父が持ち帰った土産の日本人形などに囲まれて育ちました」と言い、楽屋のステテコ姿まで受け継いだ日本贔屓《びいき》なのに、惜しいことをした。

ヤンソンスと最初に会ったのは1996年12月。音楽監督を務めていたオスロ・フィルハーモニー管弦楽団の日本ツアー中、マエストロが敬愛する作曲家ドミートリイ・ショスタコーヴィチ（1906〜1975）についての話をたっぷり聞く約束だった。

サントリーホール隣のANAインターコンチネンタルホテル東京内でインタビューが進むうち、

ヤンソンスの顔面はどんどん蒼白となって息が上がり、脂汗をかき出した。それでも紳士的に「少し、待ってくださいね」と言い、休んでいる間に当時の招聘《しょうへい》元、神原音楽事務所（後に廃業）の社員が近隣の飯倉でクリニックを開いていた亡命ロシア人医師の往診を手配した。神原は私の大学生時代の〝バイト〟先だ。同席した社員も顔見知りだったから最速の対応ができて良かったものの、取材中に相手が発作を起こしたのは初めてで心底、肝を冷やした。もちろん打ち切り「くれぐれも、お大事になさってください」と告げて、その場を去った。

後で聞けば同年、オスロで最初の心臓発作を起こしたという。ヤンソンス後半生のキャリアに大きく影を落とした死の病だ。当日の藤沢公演は副指揮者が代役を務めたが、翌日のサントリーホールは周囲の反対を押し切り、ヤンソンスが振った。終演後の楽屋に駆けつけると、まだ顔色が悪い。それなのに私の顔を見るなり、「昨日はせっかくの取材中に怖い思いをさせて、ごめんなさい。質問の内容は素晴らしく、ショスタコーヴィチについてもまだまだ語り足りないので、明日のオフに私のホテルへ来ていただき、続きをやりましょう」と、まさかの提案をされた。「マエストロ、私よりご自分の命を大切になさってください」と返しても無駄だった。

翌朝、日本での定宿だった白金の都ホテル東京を訪ねた。部屋に入ると奥様と二人、日本のファンから差し入れられた菓子や花で部屋を美しく飾りつけ、完璧な「おもてなし」の態勢が整っていた。ヤンソンスは「いくら語っても語り足りない」という感じで、ショスタコーヴィチへの思いを話す。当時はペテルブルク以外にも欧米の名門をそろえ、1曲ごとにオーケストラを替えたショスタコーヴィチの「交響曲全集」をEMI（現ワーナーミュージック）で録音するプロジェクトが進行中。複数のオーケストラを起用する理由も知りたかった。

「ショスタコーヴィチを直接知る最後の世代として、彼が生きてきた時代、社会、音楽家の状況を世界のプレイヤーに伝えるのが私のクレド（信仰）です。一つでも多くのオーケストラに、ショスタコーヴィチの真実を伝えたいと思っています」。さらに「ソロモン・ヴォルコフ（1944〜）と私はレニングラード（現サンクトペテルブルク）音楽院の学友でした。ヴォルコフが書いた『ショスタコーヴィチの証言』の真贋は世界的に物議を醸しましたが、内容自体は真実に近いといえます」と世紀の〝問題書物〟に対しても、自身のしっかりとした見解を述べた。

ただ、ロシア＝ソヴィエト音楽のスペシャリストのレッテルを貼られがちな傾向には釘をさした。「私はカラヤン国際指揮者コンクールに入賞（第2位）して旧ソ連の指揮者として初めてウィーンに留学、ハンス・スワロフスキー教授（1899〜1975）に師事しました。母国ラトヴィアの首都リガの歌劇場ではワーグナーが指揮者を務めていた時期があり、私にとってのドイツ音楽は、ロシア音楽とともにレパートリーの根幹なのです」。後年は第一、第二のヴァイオリンを左右に分ける対向配置を好み、最新の校訂譜を使用するなど様式観のヴァージヨンアップにも細心の注意を払った半面、エキセントリックなピリオド（作曲当時の）奏法には追従せず、ドイツ＝オーストリアの伝統に即した円やかな響き、バランスの取れた造型を重視した。

アムステルダムとミュンヘンを本拠に

指揮者としてのキャリア後半はロシアや北欧ではなくクラシック音楽の歴史の心臓部、中欧での活躍を広げていく。1991年に旧ソ連の体制が解体され、ラトヴィアが独立を回復したことも大きかった。1997年から7年間は米ピッツバーグ交響楽団の首席指揮者を務めたが、理由は音楽よりも心臓だった。当時、ピッツバーグ大学医学部の循環器内科や心臓外科の水準は世界の最先端にあり「ヤンソンスはスイスの主治医からピッツバーグでの治療を勧められたらしい」と、自身も心臓に爆弾を抱えていたソニーの大賀典雄会長（当時＝1930〜2011）から知らされた。ピッツバーグ響との相性自体は悪くなかったが、ヤンソンスが好む中欧風の柔らかなサウンドにとどまらず「すべての音が大きく、力強く響いてしまう」傾向には手を焼いた。日本公演でベートーヴェンの「交響曲第5番《運命》」を指揮する前に言葉を交わした時も、「第4楽章の金管楽器の強奏を私の趣味と思わないでほしい。いくらリハーサルで抑えるよう注意しても、本番はヒートしてしまうのだよ」と苦笑いしながら、理解を求めた。

21世紀に入り、ヤンソンスは生涯最高の「名器」を二つも手に入れた。2003年にはミュンヘンのバイエルン放送交響楽団（BRSO）首席指揮者、2004年にはアムステルダムのロイヤル・コンセルトヘボウ管弦楽団（CGO）常任指揮者に就き、1年交代で二つの楽団と日本を訪れるという私たちにとって、素晴らしいローテーションが生まれた。2001年にはウィーン楽友協会（ムジークフェライン）名誉会員に推挙され、ウィーン・フィルハーモニー管弦楽団の「ニューイヤーコンサート」の指揮にも、2006、2012、2016年の3回招かれた。カラヤンとスワロフスキーの薫陶を受け、中欧でキャリアを積んだマエストロは、もはやオーストリアの〝嫡子〟と目されていた。

2010年11月22日、サントリーホールのCGO日本公演はマーラーの大作、「交響曲第3番」。チケットは早々に売り切れていた。ヤンソンスは音響チェックの結果、日本の合唱団の立ち位置をステージ後方ではなくオルガン下で指揮者と向き合う「P席」に急きょ変えた。主催のKAJIMOTOはP席購入者を元々の取材ゾーンに誘導、代わりに私たち音楽記者や評論家を合唱団の後方一列に並べた（晒し者？）。おかげでヤンソンスの全身全霊をこめ、温かく大きな心を感じさせる指揮姿、それに対する楽員たちの深い尊敬を目の当たりにできた。

かつて、来日オーケストラの中には日本ツアーを「出稼ぎ」くらいに考えてメンバーを若手やエキストラに入れ替え、適当に演奏する悪例も散見された。1980年代後半以降、バブル経済の勢いも手伝って各地に素晴らしい音響の演奏会専用ホールが生まれて聴衆層が拡大、自身で楽器を奏でるファンも増える過程で「日本の聴衆は世界で最も真剣で、よく音楽を理解している」との認識が広がった。BRSOやCGOなどの世界一流クラス、来日回数も多い楽団ほど日本公演に力を入れ、リハーサルを兼ねた同一曲目の定期演奏会を本拠地で済ませて来日する態勢を整えていく。ヤンソンスの日本公演にかける意気込みも凄まじかった。

ドイツ史においてベルリンを核とするプロイセン、ミュンヘンを核とするバイエルンの「犬猿の仲」ぶりは有名で、BRSOもなかなかベルリンで成功しないのだが、ある晩、ヤンソンス指揮で熱狂的な拍手喝采を受けた。楽員の多くが「ここは東京か？」と漏らしたそうだ。コロナ禍以前は日本各地のホールで終演後、それぞれに親交を結んだBRSOの楽員たちを楽屋口で待ち、連れ立って食事に出かけるファンの姿を頻繁に目撃してきた。

2016年11月26日、ミューザ川崎シンフォニーホールでのBRSO演奏会がまさか、ヤンソンスを聴く最後の機会になるとは思いもしなかった。来日直後の記者会見で、マエストロの顔色が良くないのは気になったが「ベルリン・フィルの首席打診も断り、コンセルトヘボウも辞め、今後はバイエルンの新ホール完成に全力を注ぐ」と語る言葉にはまだ、力がみなぎっていた。川崎での曲目は前半がハイドンの「交響曲第100番《軍隊》」、後半がミュンヘンゆかりのR・シュトラウス「アルプス交響曲」。トルコの軍楽隊を模した《軍隊》の第2楽章ではトライアングル、シンバル、バスドラム（大太鼓）の楽員3人が「ちんどん屋」風の扮装で1階客席前方を練り歩き、サンドイッチマンよろしく掲げたプラカードには「We love Japan（私たちは日本を愛しています）」の文字がハートマーク入りで記されていた。マエストロは会場に着くと、この部分のリハーサルを入念に繰り返したという。終演後の楽屋を訪ねると「文字は読めましたか？　思いは伝わりましたか？」と、矢継ぎ早に質問された。

2017年のCGO日本ツアーは後任のダニエーレ・ガッティ（1961～）が指揮、2018年のBRSOはヤンソンスの体調不良を理由にズービン・メータ（1936～）が代役を引き受けた。ヤンソンスにとって生涯最後の演奏会となった2019年11月8日、カーネギー・ホールでのBRSOニューヨーク公演は後日、ライヴ盤（ナクソス）が発売された。楽員の制止を振り切り、命がけで指揮したアンコール、ブラームスの「ハンガリー舞曲第5番」はものすごい音楽だ。普段は軽快で楽しい作品のはずが、辞世の句の慟哭《どうこく》に満ち、死の匂いさえ漂わせる。私はただただ、号泣するだけだった。繰り返し書く。あんなに「いい人」は滅多に存在しない。

vol. 10　ヘルマン・プライ

©木之下晃アーカイヴス

ヘルマン・プライ Hermann Prey（1929—1998）

ドイツのバリトン歌手。ベルリン生まれ。ベルリン音楽大学で学ぶ。1952年、ヘッセン放送協会の音楽コンクールで優勝、ヴィースバーデンのヘッセン州立歌劇場にデビュー、翌年には大演出家ギュンター・レンネルトに認められ、ハンブルク州立歌劇場と契約した。レパートリーはモーツァルト「フィガロの結婚」（フィガロ、伯爵）、「魔笛」（パパゲーノ）、「セビリアの理髪師」（フィガロ）、「こうもり」（アイゼンシュタイン）など。1976年にはオーストリアのホーエネムスで「シューベルティアーデ音楽祭」を立ち上げた。

「自然児パパゲーノ」のように……、天衣無縫の人生を全う

ヘルマン・プライは第二次世界大戦後のリート（ドイツ語歌曲）解釈で、ディートリヒ・フィッシャー＝ディースカウ（１９２５〜２０１２）と人気を二分したドイツのバリトン歌手だ。万事に知的で完璧、時に近寄り難ささえ感じさせたF＝ディースカウに対し、プライの歌はいくばくかの詰めの甘さを残して万年青年の風情を醸し出し、より自然体だった。オペラで最大の当たり役が《魔笛》（モーツァルト）の自然児パパゲーノ、というのも極めて納得できる。

最後にインタビューした時、「ポスター一つとっても、ドイツ語圏の歌劇場には役柄の〝格付け〟があり、《魔笛》では弁者（シュプレッヒャー）がパパゲーノより上にきます。私の年齢やキャリアではシュプレッヒャーに回る機会が増えましたが、今でも自分はパパゲーノだと思っています。最後はパパゲーノを歌って死にたい……」と、漏らした。親交のあった日本人ソプラノの鮫島有美子（１９５２〜）から、プライが１９９８年7月22日に心臓発作で亡くなる直前、スイスのチューリヒ歌劇場で最後に歌った役が「シュプレッヒャーではなくパパゲーノでした」と聞かされた時には驚いた。半面、生涯の当たり役を全うできた清々しさも覚えた。

長身のがっちりした体格、大きな目がモノを言う容姿に恵まれ、演技力は抜群だった。１９

80年にウィーン国立歌劇場がフルスケールで最初の日本公演を実現した折、プライはカール・ベーム（1894〜1981）指揮の《フィガロの結婚》（モーツァルト）で題名役を担った。スザンナにルチア・ポップ（ソプラノ＝1939〜1993）、伯爵にベルント・ヴァイクル（バリトン＝1942〜）、伯爵夫人にグンドゥラ・ヤノヴィッツ（ソプラノ＝1937〜）、ケルビーノにアグネス・バルツァ（メゾソプラノ＝1944〜）……と超豪華なキャストの中でも、プライのダイナミックで精彩あふれる歌と演技はひときわ輝いていた。

後年、日本でプライにインタビューする機会を得た時、ホテルオークラのビジネスルームで取材中いきなり立ち上がり、「ナッハリヒト（Nachricht＝ニュース）！」と叫んだ。ドイツ語の衛星ニュース番組を観たいのかと思ったら、歌舞伎座で観た《隅田川》の一節、母親に息子の死が告げられた瞬間を私の前で再現しようと試みたのであった。ギョロ目には、歌舞伎役者と通じる迫力がある。

リートでは1970年代の終わり頃、日比谷公会堂でシューベルトの連作歌曲集《冬の旅》（ピアノはミヒャエル・クリスト＝1946〜）を聴いたのが、ライヴで接した最初のプライだった。同じ週に同じ会場で聴いたジェラール・スゼー（バリトン＝1918〜2004）、ダルトン・ボールドウィン（ピアノ＝1931〜2019）の《冬の旅》の方が、10代終わりの自分にはしっくりきたのを覚えている。当時はドイツ語を日常会話レベルまで身につけていなかったので、「ヴェルヴェット」と称賛されたスゼーの美声に酔っていたのではないかと思う。1週間に二人の大歌手の《冬の旅》を聴き比べることのできる状態が、いかに世界では珍しいのかも、当時の私には理解できていなかった。

1988年、まだ「西ドイツ」時代のフランクフルト・アム・マインに転勤し、夏に北ドイツの広域で開催される「シュレスヴィヒ=ホルシュタイン音楽祭」の取材に出かけた。ハンブルク空港でレンタカーを借り、デンマーク国境に近い最北端の町フレンスブルクで聴いたのが、プライとユストゥス・フランツ（ピアノ=1944～）によるシューベルトの歌曲集《白鳥の歌》だった。当時のプライは、日本の往年の名バリトン歌手、立川清登（1929～1985）と同じようにテレビ番組の司会やオペレッタ映画の主役を務め「国民的人気」を博していた。フランツも「タレント・ピアニスト」的存在だった。世界中の演奏家がしのぎを削る巨大音楽市場の東京に生まれ育った人間の感覚は麻痺しているので、最初は理解できなかったが、フレンスブルクのような辺境（失礼！）にプライ級、フランツ級のスターが来演する機会は何年、あるいは何十年かに一度のことらしい。客席は開演前から「テレビでおなじみの有名アーティストを遂に〝生〟で拝める」との興奮と期待で熱くなっていた。終演後の熱狂はいうまでもない。

フレンスブルクとは比較にならない大音楽都市、ミュンヘンの宮殿（レジデンツ）内ヘルクレスザールでオレグ・マイセンベルク（1945〜）のピアノとともにシューマンの歌曲集《詩人の恋》を歌った時も、プライがいかに人々から愛されているかを目の当たりにした。次第に高音がきつくなる年齢に差しかかっていて、危なそうな箇所が近づくと脚を踏ん張り、何とか出そうと試み「無理だ」と観念して低く移調して歌う姿からも、リートへの強い愛情を感じた。

ドイツ・リートの復興めざす

何度目かの取材の折に、プライから打ち明けられた。「70歳になったら《PAS＝プライ・アット・セヴンティ》というプロジェクトを立ち上げ、ドイツ・リートの復興に全力を挙げます。私やフィッシャー＝ディースカウの全盛期は、ピアニストと二人だけのリーダーアーベント（リートの夕べ）でも2000席の大ホールが満席になりましたが、今は危機的です。作品の魅力が減じたわけではなく、若い世代への伝え方に問題があるのだと気付きました。詳細が固まったら、次のインタビューの機会にお話ししますよ」。

1995年11月には岩城宏之（1932〜2006）指揮オーケストラ・アンサンブル金沢（OEK）の定期演奏会に出演、リストやブラームス、レーガー、ヴェーバーらが管弦楽に編曲したシューベルトのリート名曲集を歌い、富山県小杉町文化ホール（現アイザック小杉文化ホール）で「ドイツ・グラモフォン（ＤＧ）」レーベルのためのセッション録音を行った。過去にもガリー・ベルティーニ（１９２７〜２００５）指揮でディスクを作り、ホルスト・シュタイン（１９２８〜２００８）指揮ＮＨＫ交響楽団定期でも歌ったレパートリーだが、プライは「編曲版を用いながら、シューベルトのリートの本質を失わないという自分の意図を適確にくみとってくれた」と、岩城＆ＯＥＫの貢献を評価した。

プライは後日、私に「イワキの慎み深い音楽が昔の指揮者の誰かに似ていると思っていたのですが、それは、ヨーゼフ・カイルベルトでした」と打ち明ける。Ｎ響名誉指揮者でもあったカイルベルト（１９０８〜１９６８）はドイツのバンベルク交響楽団の音楽監督を長く務め、若手時代の岩城をバンベルクの指揮者チームに招いた。「プライが岩城さんの指揮を『カイルベルトに似ている』と言っていましたよ」と岩城に伝えると、「そう！　嬉しいな」と大喜びしていた。

岩城＆ＯＥＫと意気投合したプライはシューベルト生誕２００年に当たる１９９７年、黛敏郎門下の鈴木行一（１９５４〜２０１０）の管弦楽編曲による《冬の旅》を２月に金沢で世界初演、10月にドイツ各地で演奏する計画を立てた。金沢初演はプライが体調を崩してキャンセル、ドイツが初演地となり、３回目の公演に当たる10月７日、ミュンヘンのプリンツレゲンテン劇場のライヴ録音をOEKが自主制作盤として発売した。

プライはOEKとの再共演に先立つ1997年1月、ミヒャエル・エンドレス（ピアノ＝1961〜）とのリート・デュオとして来日、1月24日から2月5日までの間にサントリーホールで全6回の《シューベルティアーデ》（シューベルトのリート連続演奏会）に臨んだ。誕生日の1月31日は《冬の旅》。最終日は《白鳥の歌》だった。《白鳥》の大詰め、《鳩の使い》で何度か止まり、いったん舞台袖へ戻った後に歌い直した。シューベルトの死後編まれた歌曲集で「最後の1曲だけ、別の詩人（ザイドル）の作品が来ることへの違和感が原因」と説明していたが、今から振り返れば、プライ自身の〝幕引き〟への恐怖と一体の事故だったように思う。

プライの肉体をボロボロにして、PASの夢を奪った最大の要因は過度の飲酒だ。日本を訪れる際はルフトハンザ・ドイツ航空のファーストクラス（良いワインをそろえている）を利用することが多かったが、成田空港へ着くまでに、いつもへべレケになっていたという。

1994年のウィーン国立歌劇場日本公演。ウルフ・シルマー（1959〜）指揮のオペレッタ《こうもり》（J・シュトラウス）のアイゼンシュタイン役を演じた時、プライは水ではなく本物のシャンパンを置くウィーンの慣習に乗じ、舞台袖に下げられた瓶の飲み残しまで、あさった。当時の日本公演担当部長で、後に新国立劇場オペラ芸術監督を務めたウィーンの劇場人、トーマス・ノヴォラツスキー（1959〜）は「見ていて、忍びなかったです。酒で寿命を縮めたり、晩節を汚したりする歌手の何と多かったことか！」と嘆いていた。

プライの死後数年を経て、私は「プライとグルダ、夢の共演」と題した東京都内のリート演奏会に関わった。バリトンのフローリアン・プライ（１９５９〜）はヘルマン・プライ、ピアノのリコ・グルダ（１９６８〜）はフリードリヒ・グルダのそれぞれ実の息子だから「看板に偽り無し」とはいえ、何となく後ろめたかったのを覚えている。

vol. 11　イヴリー・ギトリス

©木之下晃アーカイヴス

イヴリー・ギトリス Ivry Gitlis（1922—2020）

イスラエルのハイファでユダヤ人の両親の下に生まれる。パリ音楽院を首席で卒業。［ギトリストーン］と呼ばれる独特の音色、個性的な演奏で、「20 世紀最後の巨匠」と称された。初来日は 1980 年。「日本は第二の故郷」といい、毎年のようにツアーを行った。東日本大震災直後には来日を中止する演奏家が大半を占める中、高齢をおして被災地に駆けつけ、慰問演奏を行った。

クリスマス・イヴに「星」となったヴァイオリンの怪人

「もしかしたら100歳でも弾いているのではないか」と思えたヴァイオリンの怪人、イヴリー・ギトリスが2020年のクリスマス・イヴ（12月24日）、98歳の大往生を遂げた。オーソドックスとは真逆の伸縮自在で独特の節回し、肺腑をえぐるような演奏で一世を風靡した。高校生の頃、NHK-FMで聴いたヴィエニャフスキ「ヴァイオリン協奏曲第2番」のあまりに奔放、独創的な演奏に仰天して以来、私にも気になるヴァイオリニストであり続けた。

最後の来日は2017年5月。長年の音楽仲間だったマルタ・アルゲリッチ（ピアノ＝1941〜）が総監督を務める大分県の「別府アルゲリッチ音楽祭」を訪れた。室内楽マラソンでマルタとのデュオや室内楽、即興演奏を披露したほか、マスタークラスも引き受けて辻彩奈（1997〜）らを指導した。

2022年6月3日、すみだトリフォニーホールで開かれた「アルゲリッチ&フレンズ　イヴリー・ギトリスへのオマージュ」には辻も出演、ギトリスの十八番だったフランクの「ヴァイオリン・ソナタ」をアルゲリッチと弾いた（11月14日、同ホールで再演）。後半冒頭のトークコーナー、アルゲリッチは弟子の酒井茜（1976〜）の質問に答える形でギトリスとの出会いを振り返った。「あれは世界を席巻した学生運動の震源地、パリの1968年。騒然とした街の橋を渡っている時、向こうからイヴリーが現れた。それが長い付き合いの始まりだったわ」。

もともと〝おしゃべり〟だった上に、晩年になればなるほど「ちゃんと演奏できるか」の不安も増したのか、前置きの話がどんどん長くなった。何度目かの別府でドビュッシーの「ヴァイオリン・ソナタ」を演奏した時も、「ドビュッシーとはだね……」と延々蘊蓄《うんちく》を語り出し、うんざりした表情のアルゲリッチが「さっさと弾きなさいよ！」と、お母さんみたいに催促してやっと、ギトリスは弾き出した。いざ始まれば、輝きは健在だった。

逆に、他者の話を聞く我慢は日増しにできなくなっていた。2015年5月1日、東京オペラシティコンサートホールで弟子の木野雅之（1963〜）がコンサートマスターを務める日本フィルハーモニー交響楽団と共演、リサイタル時のピアニストでもあるヴァハン・マルディロシアン（1975〜）が指揮した演奏会のこと。私はMC（司会）で出演していた。

休憩時間に客席からギトリスへの質問を募り、後半の始まりに私が木野と話しながら読み上げ、久野理恵子さんが英語の通訳をする段取りも決まっていた。楽屋で再会したギトリスは「お前、どこかでインタビューしてくれたな」と、先ずはフレンドリーだったので安心した。ところが質疑応答が始まると「えーい、まだるっこしい。お前も英語を話せるのだったら、直接やれ！」としびれを切らし、久野さんとの夫婦漫才のようなセッションに一変した。

「10歳の私もヴァイオリンを習っているのですが、失敗するのが怖くて。どうしたら、失敗しないですみますか？」。最初の質問を英訳しながら読み上げると、ギトリスは「その女の子はどこにいる？　舞台上に呼びなさい」と言い出した。「マエストロが直接お話ししたいとおっしゃっています。この質問を書いたお友だち、手を挙げてください」と呼びかけると、質問の主は幸いにも1階席の後方にいた。一目散に駆け寄ってきた少女を舞台に上げようにもステップの用意がなく、私が両脇を抱え、引っ張り上げた。

「お嬢ちゃん。失敗を恐れてはいけないよ。エジソンの時代から、失敗は発明の母だった。どんどん失敗を繰り返し、立派なヴァイオリニストになるのだよ」。キョトンとしていた女の子が何年か経ち、あの夜の怪人が世紀の大ヴァイオリニストだったと理解した時に何を思うのか、楽しみな気がした。

年齢は問題じゃない

２００６年、マーラー・チェンバー・オーケストラと来日した指揮者ダニエル・ハーディング（１９７５〜）や楽員たちと渋谷で打ち上げを楽しんでいると、ギトリスが「これから飛び入りで参加していいか?」と知人を介し、尋ねてきた。ハーディングが慌てふためき「今からでも遅くない。警官隊をホテルに派遣して、ヴァイオリンの怪人が夜の街に出現しないよう、厳戒態勢をとってほしい」と、懸命のジョークをひねり出した。幸い? なことに、ギトリスは来なかった。

イスラエルのハイファに生まれ、パリでカール・フレッシュ(1873~1944)、ジョルジェ・エネスク(1881~1955)、ジャック・ティボー(1880~1953)に師事したが、ルーツはウクライナにあった。2009年の来日ではニコライ・ジャジューラ指揮(1961~)キーウ国立フィルハーモニー管弦楽団と、チャイコフスキーの「ヴァイオリン協奏曲」を演奏した。事前のインタビューで宿泊先の新高輪プリンスホテルを訪ねるとボロボロの楽譜を取り出し「9歳の時、フレッシュ先生から最初にチャイコフスキーのレッスンを受けた時のパート譜だよ。この書き込みは先生の筆跡」と、教えてくれた。いつも肌身離さず身に着けていたツイードのハンティング帽にも何か、強い愛着があるようだった。

楽器を抱え込むように構え、全身の骨格を共鳴させるフレッシュ系の奏法は眼前の迫力にはいささか欠ける半面、ホールの隅々まで遠鳴りする音の美しさに特徴がある。最晩年のギトリスは左手で楽器を支える力が衰え、腕置き台を使ったが、精神の深淵から絞り出す肉声を思わせる味わい深い音色は、最後まで威力を発揮した。

ギトリスは若い世代への支援を惜しまず、困っている人々のいる場所にも迷わず駆けつけた。２０１１年３月に東日本大震災が起きるとわずか２か月後に自費で来日して仙台、石巻の避難所や学校などを慰問演奏して回った。以後もほぼ毎年、東北での演奏を続けた。岩手県はギトリスの功績を偲んで２０２１年12月18日、無料の「いわて復興の絆コンサート〜イヴリー・ギトリスメモリアル〜」を陸前高田市民文化会館「奇跡の一本松ホール」で企画した。出演は木野雅之（ヴァイオリン＝１９６３〜）、木嶋真優（同＝１９８６〜）、岩崎淑（ピアノ＝１９３７〜）、岩崎洸（チェロ＝１９４４〜）、川本嘉子（ヴィオラ＝１９６６〜）、海老彰子（ピアノ＝１９５３〜）、大倉正之助（和太鼓＝１９５５〜）と私（ＭＣ）。

　全員がギトリスと舞台で共演した経験のある顔ぶれだ。邦楽奏者の大倉が異彩を放つが、「偶然、飛行機の中で知り合って共演を重ねた」と言い、アンコールのマスネ《タイースの瞑想曲》の合奏にも加わった。黙祷に先立って、ギトリス最後の来日公演の演奏を舞台後方のスクリーンに映し、木野と私が解説を担った。パソコンに落とした録画、ＰＡ（音響補助）を介した再生にもかかわらず、あの「ギトリスの音」が会場の隅々に響き渡ったのには息をのんだ。最後は舞台上と客席、会場に居合わせた全員が「ギトリスは今も会場のどこかから、私たちを見守ってくれている」との思いを共有した奇跡の午後だった。

　ある日、「加齢は気になりますか？」と恐る恐る質問すると、「年齢は、それがプロブレムだと思えない限り、全く関係ないよ」と破顔一笑された。あの大きな人格は今や星となり、天から私たちを変わることなく励ましている。

vol. 12　アリシア・デ・ラローチャ

©木之下晃アーカイヴス

アリシア・デ・ラローチャAlicia de Larrocha（1923—2009）

　スペイン・バルセロナ生まれ。グラナドスの愛弟子フランク・マーシャルに師事。５歳でデビューした。スペイン音楽のスペシャリストであると同時にモーツァルト、ショパン、シューベルトなどにも卓越した解釈を示した。８度しか届かない小さな手の持ち主にもかかわらず、ベートーヴェンやブラームス、ラフマニノフの構えの大きな作品もレパートリーとした。

小さな手の大きな「ピアノの女王」

１９７０年代の北米で「ピアノの女王」の名声を確立したスペイン人、アリシア・デ・ラローチャを最初に聴いたのは１９７８年の来日時で、私はまだ大学生だった。当時のアルバイト先の神原音楽事務所（後に廃業）が招聘元、社内割引で最も安い席のチケットを入手した。

リサイタル会場は女王のステイタスにふさわしく、東京文化会館大ホール（２３００席）だったが、会場に着いてみるとガラガラだ。最安ゾーンの５階端の席からS席ゾーンの１階前方に移動して、間近で拝むことに成功した。一番びっくりしたのは、名声と写真から想像していたより極端に小柄で、手も小さかったことだ。だが辺りをはらう威厳は並外れたオーラを放ち、最初の音を弾き出すまでに緊張が走った。いざ演奏が始まると一切の妥協を排した究極の解釈に圧倒され、姿そのものが秒刻みで大きくなっていくような錯覚を覚えた。

もちろんスペインの作品を弾いたし、前後して小林研一郎（１９４０〜）指揮NHK交響楽団定期演奏会でデ・ファリャの《スペインの庭の夜》も聴いた。だが私にとって、デ・ラローチャの第一印象はリサイタルでのドビュッシー、《喜びの島》に尽きる。パリのルーブル美術館にあるジャン・ヴァトー（１６８４〜１７２１）の代表作「シテール島への巡礼」（１７１

7）にエーゲ海、クレタ島北西のシテール島はギリシャ神話で愛の女神、ヴィーナスの島とされる。ドビュッシーは細やかに音色やリズムを変化させながら、幻想的な官能美の世界を現出させようと努めたに違いない。デ・ラローチャのキリッと引き締まった造型と粒の立ったタッチから弾け飛ぶ色彩感、どこまでも昂《たか》まっていくエクスタシーは凄まじかった。以後40年以上、誰が弾く《喜びの島》に接しても、「あの日」のデ・ラローチャと比べてしまう自分がいる。

もう一つ忘れがたいのは社会人になった直後、「この1曲」が目当てで、後半の駆け込みに成功した1981年5月2日の日本フィルハーモニー交響楽団第332回定期演奏会。デ・ラローチャは山田一雄（1912〜1991）の指揮で「男性ピアニストにとっても荷が重い」とされるブラームスの「ピアノ協奏曲第2番」を独奏。マッチョ型の対極に位置するアプローチで楽曲のリズム、和声の構造を克明に解き明かす一方、たまらない優しさでジェンダー（性差）の長所まで発揮してみせた。1か月後の6月7〜8日には西ベルリン（当時）フィルハーモニー・ザールでオイゲン・ヨッフム（1902〜1987）指揮ベルリン放送交響楽団（現ベルリン・ドイツ交響楽団）とも同曲を共演した。当時の放送録音は現在、CD（東武ランドシステム）で聴くことができる。

1976年から2001年まで、大塚製薬は炭酸栄養ドリンクのCFに「オロナミンCは小さな巨人です」のキャッチフレーズを使っていた。小柄な体格で巨大なヴィルトゥオーゾ（名技）協奏曲に挑むデ・ラローチャは、まさに「小さな巨人」だった。ブラームスの7年前、1974年にアンドレ・プレヴィン（1929～2019）指揮ロンドン交響楽団とセッション録音したラフマニノフの「ピアノ協奏曲第3番」（デッカ）のLP盤を偶然入手した時も「巨大な手の持ち主だったピアニスト兼作曲家の難曲をどうして？」と思ったが、再生すると、今まで聴いたことのなかった美の世界が広がっていた。1983～1984年にはリッカルド・シャイー（1953～）指揮ベルリン放送響とベートーヴェンの「ピアノ協奏曲」全曲（第1～5番《皇帝》）と「合唱幻想曲」のセッション録音（デッカ）を女性ピアニスト史上初めて、完成した。私は同時期、NHK-FMでジェイムズ・ロッホラン（1931～）指揮バンベルク交響楽団と共演したベートーヴェン「第4番」のライヴを聴き、第1楽章の耳慣れないカデンツァ（ピアノだけで弾く部分）に驚いた。ドイツ・ロマン派の作曲家カール・ライネッケ（1824～1910）によるもので、デ・ラローチャが自身の芸風をはっきり自覚しての選択だったように思う。

オールラウンドの自負

デッカからBMG＝RCA（現ソニーミュージック）にかけてのメジャー・レーベル時代、

デ・ラローチャはモーツァルトやベートーヴェンも録音したが、ファリャやグラナドス、アルベニスら「スペイン音楽のスペシャリスト」というレッテルを払拭するまでには至らなかった。最初にインタビューした1990年代半ばでも状況は大して変わらず、私は自分のドビュッシーやブラームスでの素晴らしい思い出を引き合いに出し「ご自分では、どう思われているのですか？」と尋ねた。

「私はグラナドスの弟子のフランク・マーシャル先生（1883〜1959）に師事しましたが、スペイン音楽は後回しにでした。基礎はバッハ、モーツァルト、ベートーヴェンで徹底的に叩き込まれたのです」「北米デビューが決まった際、最初のマネジメントが『カルメンを思わせるスペイン風の衣装を着なさい』と要求したので、私は『サヨナラ（と日本語で言った）バイバイ』と返し、キャンセルしました」と、オールラウンド・プレイヤーの自負を決然と語った。指揮者の秋山和慶（1941〜）がカナダで活躍していた時代、デ・ラローチャがトロントの空港で職業を問われ、「ピアニスト。演奏旅行に来ました」と答えると、入管職員が「おばあちゃん。わざわざスペインから出稼ぎに来なくても、北米にはもっと若くて綺麗な女性ピアニストがわんさといるよ」と漏らし、大問題になったという。生涯をかけ、偏見と闘わなければならなかった。

現役最後の年、2003年の「日本さよならツアー」に際して二度目のインタビューを行った時は女王から快活さが消え、明らかにいら立っていた。王子ホール、サントリーホールでリサイタルを聴き、枯れた芸風には感慨を覚えた半面、全盛期の輝きは失せていた。デ・ラローチャが怒っていたのは「思うように弾けない自分」に対してだったのだ、と思い知った。

「私と神原（芳郎）社長はラテンの血を共有しているのよ」と屈託なく笑っていた時代のデ・ラローチャは、とてつもなくチャーミングだった。だが内面に燃え盛る激しさを直情径行の表現とはせずに自己鍛錬の厳しさ、芸術家の矜持《きょうじ》へと昇華させ、世界のコンサートホールを制覇した「女王」としてのエネルギーもまた、唯一無二の記憶として残る。

vol. 13　ジェリー・ハドレー

ジェリー・ハドレー Jerry Hadley（1952—2007）

アメリカ・イリノイ州生まれのテノール。1982 年、《愛の妙薬》ネモリーノでウィーン国立歌劇場にデビュー。メトロポリタン歌劇場、スカラ座、コヴェント・ガーデン、ザルツブルク音楽祭など世界一流の歌劇場、音楽祭で活躍。バーンスタインなどの現代オペラにも積極的に出演。《イエヌーファ》《キャンディード》などで三度のグラミー賞を受賞。オペレッタやブロードウェイでも活躍。2007 年、最後のオペラ《蝶々夫人》でピンカートンを歌った２か月後に自死。

あまりに「いい人」過ぎた米国人テノールの蹉跌

２０２１年３月13日、東京の北の外れにある東大和市文化会館ハミングホールの開館20周年記念公演でレナード・バーンスタイン（１９１８〜１９９０）の音楽劇《キャンディード》を聴きながら突然、作曲者自演盤で題名役を歌った米国人テノール、ジェリー・ハドレーのことを思い出した。１９７０年代末から２０００年代初頭に活躍したスター歌手。バーンスタインのお気に入りで自作のほか、《ラ・ボエーム》（プッチーニ）のロドルフォ、モーツァルト《レクイエム》の録音にもハドレーを迎えた。さらにケント・ナガノ（１９５１〜）もバーンスタインの《ミサ》、マスネの「歌劇《ウェルテル》」、カーライル・フロイドの「歌劇《スザンナ》」などにハドレーを起用した。

日本でもメトロポリタン歌劇場ツアーで《コジ・ファン・トゥッテ》（モーツァルト）のフエランドを演じたり、盟友トーマス・ハンプソン（バリトン＝１９５５〜）とのジョイント・コンサート（「ソプラノ立入禁止」というユーモラスなタイトルで世界中の人気を集めた）を披露したりした。数あるレパートリーの中でもキャンディードや《道楽者の成り行き》（ストラヴィンスキー）のトム・レイクウェルなど、イノセント（無垢）な男の子役が絶品だった。

1994年ザルツブルク音楽祭でシルヴァン・カンブルラン（1948〜）指揮、ペーター・ムスバッハ（1949〜）演出で観た《道楽者の成り行き》ではどこまでがトムで、どこからがハドレーなのか、判然としなかった。美声のテノールである事実すら、忘れるほど役になりきっていた。

仕事柄、経済と音楽の両分野で多くの米国人を取材してきたが、米国人の方から「ヒロシマ・ナガサキへの原子爆弾投下は間違いだった」と切り出したのは、ハドレーしかいない。2000年の来日時、ザルツブルク音楽祭でカール＝エルンスト&ウルゼル・ヘルマン夫妻の新演出とミヒャエル・ギーレン（1927〜2019）の指揮で《イドメネオ》（モーツァルト）の主役を務めるための勉強の合間を縫い、東京・新宿の京王プラザホテルでインタビューに応じてくれた時の話だ。

英国系とイタリア系の両親の下、イリノイ州で生まれたハドレーは子どもの頃、オーストリアのテノール歌手で俳優のリヒャルト・タウバー（1891〜1948）が歌うレハールなどのオペレッタを「ラジオで聴き夢中になった」という。最初は指揮者志望で一時は音楽教師としても働いたが、歌への夢は断ちがたく、イタリア系テノール歌手トーマス・ロマナコ（1922〜2012）に改めて師事、1979年にニューヨーク・シティ・オペラへデビューした。

「僕の原点はあくまで、オペレッタです。その美しく、夢のような音楽劇の世界が失われてしまった理由の一つは、原子爆弾だと確信します。人間が人間の手で一瞬にしてあれほど多くの罪もない人々を殺し、後遺症に苦しめる事実を知ってしまったら、他愛もない色恋沙汰をシンプルな音楽に乗せて楽しむことなど、簡単にはできなくなったのです」。

消えた「オペレッタの夢」

「オペラの舞台から引退したらオペレッタのツアー・カンパニーを立ち上げて各地を回り、もう一度、素朴で美しい歌物語の魅力を世界の人々に伝えていきたいと考えています」——夢への第一歩として、ハドレーは《微笑《ほほえみ》の国》《パガニーニ》などレハール作曲の主要オペレッタの英語ハイライト台本を書き下ろし、自身の主演、リチャード・ボニング（1930〜）の指揮で「テラーク」レーベルに録音した。メインのRCA（現ソニーミュージック）にはレハールやカールマンら主にハンガリー系の「オペレッタ・アリア名曲集」をボニング指揮ミュンヘン放送管弦楽団と残している。録音セッションを収めたプロモーション・ビデオでは、ハドレーが襟につけたレッドリボンのバッジが目にとまった。当時まだ克服困難と思われていたエイズ（後天性免疫不全症候群）の撲滅、患者に対する支援の意思を表明するサインだったが、事と次第によっては着用が「ゲイをカミングアウトしている」「キャリア（発症者）だ」といったリスクも招きかねない時代でもあった。単刀直入に質問すると「自分は当事者ではありませんが、多くの人が困っているエイズのエピデミック（感染拡大）に対し、音楽家として何らかの貢献をする必要を感じ、着けました」と答えてくれた。

全身全霊のサーヴィス精神をこめ、「人生の応援歌」を歌い続けたハドレーの象徴のようなアルバムがある。1993年の8～10月にニューヨーク市内三箇所のスタジオでポール・ジェミニアーニ指揮アメリカン・シアター・オーケストラとセッション録音、ジグマンド・ロンバーグ（1887～1951）やルドルフ・フリムル（1879～1972）、ヴィクター・ハーバード（1859～1924）らミュージカル初期の名曲を集めた「ゴールデン・デイズ」（RCA）だ。1曲目のフリムル作曲《放浪の王者》からの《放浪者の歌》は日本で《蒲田行進曲》としてヒット、9曲目のロンバーグ作曲《学生王子》からの《酒飲みの歌》はミュンヘンのビアホールのテーマソング的旋律……と、長く歌い継がれてきた名曲に文字通り、黄金期の甘い美声を惜しみなく投入している。聴き返すたびに優しく真摯《しんし》、繊細な雰囲気だった名歌手との一期一会のインタビューを思い出さずにはいられない。

取材の2年後、ハドレーの人生は大きく暗転した。下積み時代から連れ添ってきた妻でピアニストのシェリル・ドレイクと2002年に離婚した傷が癒えず、2年間も舞台から遠ざかった。2004年に復帰したが、私生活の低迷は続いた。2010年7月10日、ハドレーはニューヨークの自宅で空気銃を自らに向け脳死状態に陥った。生命維持装置が外された2日後の18日、天に旅立った。悲報を伝えてくれたのは、新国立劇場オペラ芸術監督（当時）のオーストリア人で私の友人でもあるトーマス・ノヴォラッスキー（1959〜）。ウィーン国立歌劇場に勤務していた時期、ハドレーの出演交渉にも携わっていた。「引退したらオペレッタのカンパニーを立ち上げ、世界を回る夢」は、夢のままで終わった。稀代の好漢、悲劇の結末だった。

vol. 14　ニコラウス・アーノンクール

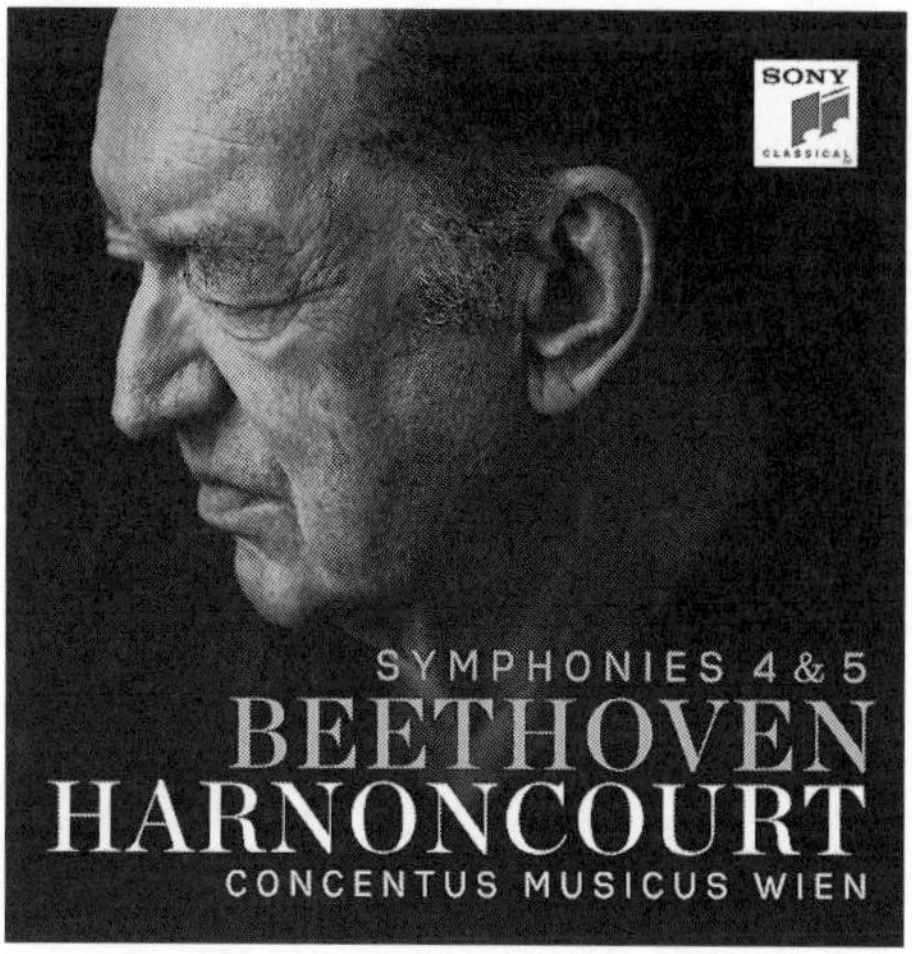

ニコラウス・アーノンクール Nikolaus Harnoncourt（1929―2016）

オーストリアの伯爵家の長男として生まれる。グラーツで育ち、ウィーン国立音楽院でチェロを学ぶ。1952年から1969年までウィーン交響楽団のチェロ奏者を務める。1953年には妻アリスとともにウィーン・コンツェントゥス・ムジクスを結成。1970年代、チューリヒ歌劇場でジャン＝ピエール・ポネルが演出のモンテヴェルディ、モーツァルトのシリーズで注目される。1980年代以降はモダン・オーケストラも指揮、ヨハン・シュトラウス２世の「オペレッタ《こうもり》」なども録音した。2005年６月、「京都賞」思想・芸術部門を受賞。

「基本は一人の再現芸術家」の分をわきまえる

世界の音楽家を30年以上も取材してきた中、最も緊張した一人が指揮者でチェロ奏者、音楽学者のニコラウス・アーノンクールだった。稲盛財団の「京都賞」を授かった2005年、京都市に出向いての単独インタビューが実現した。取材を終えると喉の猛烈な渇きを覚え、同じビル1階のカフェで小グラスのビールを飲んだ途端、酔いが全身に回ってしまった。

当時のアーノンクールは自身のピリオド（作曲当時の）楽器アンサンブル、ウィーン・コンツェントゥス・ムジクス（CMW）での実践と『古楽とは何か—言語としての音楽』（音楽之友社刊の日本語版は樋口隆一&許光俊訳で1997年初版）などの著作を通じて「古楽の泰斗」と目され、ウィーン・フィルやベルリン・フィルなどモダン楽器の名門への客演も活発化していた。

私がアーノンクールのライヴに初めて接したのは1988年、まだ「西ドイツ」だった時代の勤務地のフランクフルト・アム・マイン。郊外にあった化学会社の企業城下町、ヘキスト（現在は仏サノフィ・グループの一角）のホール「ヤールフンデルトハレ」にアーノンクールの古巣、ウィーン交響楽団とともに来演し、モーツァルトの交響曲を演奏した時だ。指揮台を置かずタクトを持たず、一箇所に立ち止まらず奏者の前まで歩み寄り、拍子をとるよりは「この音がほしい、こう弾いてください」と鼓舞する姿に圧倒された。数日後、アムステルダムのロイヤル・コンセルトヘボウ管弦楽団と録音したモーツァルト「後期交響曲集」のＣＤセット（テルデック→現ワーナーミュージック）を購入すると、解説をアーノンクール自身が書いていて、いくつかの新鮮な視点と教養の深さに二度目の衝撃を受けることになった。

京都でのインタビュー冒頭、「作曲と演奏の両面で『巨匠たちの時代は去った』とも言われていますが……」と切り出してみた。アーノンクールは大きな目をさらにギロッと開き「〝幸せの物差し（Wohlstand）〟の矮小化が諸悪の根源なのだと思います」といきなり、音楽の枠にとどまらない全世界の大問題を提起、批判した。

「少し前までは音楽家も世界を変える、社会を改革するといった大望を抱いていたものです。然るに今は『１００平方メートルの住居を取得できた』など、身辺の小さな幸せで満足してしまいます。もう少し先の願いがあるとしても『浴槽をプラスチックから大理石に替えた』くらいが関の山です。こんなチマチマした希望からは、偉大な芸術など生まれません」

私は「マエストロの大志は何だったのですか？」と続けた。「第二次世界大戦前まで口頭伝承で師から弟子へと受け継がれてきた、楽譜に記されていない部分の奏法を解き明かし、『語り（言語）としての音楽』の修辞法を復活させることでした。口頭伝承は二度の世界大戦を通じた分断で、途絶えてしまったからです」。答えは明快で、著書の趣旨とも一致した。「語りとしての起伏」を再現するにはピリオド楽器の「不ぞろいな音が適していた」と、ウィーン響のチェロ奏者時代にコンツェントゥス・ムジクスを立ち上げた背景も明かした。一般にはマーラーなどロマン派音楽の名盤で知られる巨匠指揮者、ヤッシャ・ホーレンシュタイン（１８９８〜１９７３）がウィーン響のメンバーと１９５４年に録音したＪ・Ｓ・バッハ《ブランデンブルク協奏曲》の全曲録音（ＶＯＸ）には、若き日（25歳）のアーノンクールが早くもピリオド楽器「ヴィオラ・ダ・ガンバ」の奏者として参加している。

「均質で厳格なだけのアンサンブルのどこに、意味があるのでしょうか？　正確無比と美は両立しません。元凶は旧大陸から新大陸のアメリカに渡ったハンガリー系指揮者のフリッツ・ライナー（１８８８〜１９６３）がシカゴ交響楽団、ジョージ・セル（１８９７〜１９７０）がクリーヴランド管弦楽団で達成したアンサンブルでしょう。彼らはミスを減らすために金管楽器の小型化まで『改良』と称して実行しましたが、ロボットみたいにミスがないだけのオーケストラは大嫌いです」と、バッサリ。

「ユージン・オーマンディ（１８９９〜１９８５）のフィラデルフィアもですか？」とたたみかけると、「オーマンディは別格です。真の音楽家でした」と、遠い昔を懐かしむ眼差しに一変した。

「オーケストラの魔術師」ことレオポルド・ストコフスキー（1882〜1977）の後任としてフィラデルフィア管弦楽団を1938年から1980年まで42年間率いたオーマンディは、いかにもアメリカ的でゴージャスな「フィラデルフィア・サウンド」で一世を風靡した。だが厳格な解釈を好む日本のインテリ音楽ファンからは過小評価、あるいは無視され続けた。実像はハプスブルク帝国末期のブダペストに生まれ、ヴァイオリンの名手として頭角を現した中欧音楽文化の正統な継承者であり、ドイツ語も流暢だった。最晩年に至るまでドイツ語圏のオーケストラへ頻繁に客演、ウィーンでの人気も高かった。アーノンクールもウィーン響時代にオーマンディの指揮で演奏した経験があるのだろう。プレイヤーの視点から、純粋に尊敬していた。

ガーシュインに寄せる強い愛情

1970年代には演出家のジャン＝ピエール・ポネル（1932〜1988）と組み、スイスのチューリヒ歌劇場でモンテヴェルディ、モーツァルトの歌劇の連続上演を手がけ、オペラへと指揮のレパートリーを広げた。後にウィーン国立歌劇場やザルツブルク音楽祭にも進出したが、演出には格段のこだわりをみせ、絶えずムジークテアーター（音楽と演劇が高度に融合した表現形態）の最先端を探った点でも、「古ければ何でもいい」と凝り固まった考えの対極に存在していた。「現代の聴衆&観客に対し、過去の作品をどう生き生きと伝えるか？」の目標に沿って若い世代の音楽家も巻き込み、ヨーロッパ室内管弦楽団（ＣＯＥ）を頻繁に指揮。１９８５年に故郷グラーツで始まった音楽祭「シティリアルテ（Styriarte）」ではピリオドのＣＭＷ、モダンのＣＯＥの両者を振り分け、コンサートとオペラの両面で中心的な役割を演じた。

意外かもしれないが、アーノンクールはアメリカのミュージカルやジャズ、ポップスも好み、ジョージ・ガーシュインの音楽に強い愛着を示していた。ベルリン・フィルハーモニー管弦楽団に客演した際、当時の音楽監督サイモン・ラトル（１９５５〜）がラモーをはじめとするフランス18世紀音楽のモダン楽器での演奏法について意見を求めると、アーノンクールは交換条件に「サイモンのガーシュイン解釈を尋ねたい」と提案した。後にラトルが「アーノンクールのガーシュインなんて、想像を絶したよ」と、私に打ち明けたことを伝えるとアーノンクールは「サイモン、全然わかっていないなあ」と苦笑い。「親戚に代々、フィラデルフィア美術館の学芸員の一族がいて、ガーシュインが新曲を発表するたび、真っ先に楽譜を送ってきたのです。子どもだった私はすぐさまピアノで弾き、熱狂していました」と、ラトルより〝筋金入り〟であることを打ち明けた。ここでも、キーワードは「フィラデルフィア」だった！

自身の80歳を記念、2009年のシティリアルテ音楽祭でCOEを指揮した「歌劇《ポーギーとベス》」のライヴ録音全曲盤（RCA→ソニーミュージック）は、アーノンクールの「ガーシュュイン愛」の集大成といえる。その解説書でアーノンクールは、パリでモーリス・ラヴェルに「二流のラヴェルになるより、一流のガーシュインでいなさい」と弟子入りを断られ、ウィーンに向かったガーシュインが出版されたばかりの「歌劇《ヴォツェック》」のスコアを携え、作曲者のアルバン・ベルクと面会、詳細な楽曲分析を行った成果が「《ポーギーとベス》にも反映されている」と秘話を明かし、極めて興味深い考察を述べている。

アーノンクールのラスト・レコーディングは2015年5月8〜11日、ウィーン楽友協会（ムジークフェライン）大ホールでCMWを指揮したベートーヴェン「交響曲第4番&第5番《運命》」のライヴ盤（ソニーミュージック）。ピリオド楽器ながら、燃え盛る情熱で楽曲の核心に斬り込み、自由自在に語りかけるスタイルは時代を遡り、1940年にウィレム・メンゲルベルク（1871〜1951）がコンセルトヘボウ管を指揮した演奏を思わせる。解説書でアーノンクールは「すべての真に偉大な芸術作品は、謎を残すものだ。これは、私が音楽家である限り決して同じ演奏を繰り返せない、ということを意味する。私には『完璧』という言葉を使うことすら、何かの間違いのように思える。完璧になり得るものなど、この世には存在しないからだ」と言い切り、自身の変遷を肯定する。「語りとしての音楽」の一つの到達点が、ここにはある。

「バッハのオーセンティック（正統）な解釈を主張する演奏家は大ばか者です。バッハのオーセンティックはバッハ自身による演奏しかなく、私たちはそれがどのようなものであったのかを必死で探し、再現に努めているのです」――どの時代、いかなる瞬間においても、再現芸術家の分《ぶ》をわきまえていた素晴らしいマエストロは、私とのインタビューでも、安易な「正統」の濫用《らんよう》に警鐘を鳴らした。

vol. 15　ディートリヒ・フィッシャー＝ディースカウ

©木之下晃アーカイヴス

ディートリヒ・フィッシャー＝ディースカウ Dietrich Fischer-Dieskau（1925—2012）

ベルリン近郊生まれ。1948年、アメリカ占領地区放送局（RIAS）で《冬の旅》を歌い、キャリアが始まる。同年、ベルリン市立歌劇場でオペラ・デビュー。1954年、バイロイト音楽祭に《タンホイザー》のヴォルフラム役で出演した。リート、宗教曲の第一人者であり、ベルリン音楽大学教授を務め、マティアス・ゲルネ、クリスティアン・ゲアハーハーらを育てた。1992年、67歳で引退後も朗読の活動を続け、テレビ番組にも出演した。

最後まで舞台人の矜持を護った「歌のエンサイクロペディスト」

ディートリヒ・フィッシャー＝ディースカウはバリトン歌手としてオペラ、オーケストラ演奏会、リサイタルを精力的にこなすだけでなく、指揮や朗読、研究、教育の幅広い分野に、巨人的な足跡を残した。

第二次世界大戦の敗戦直後のドイツに彗星《すいせい》のように現れ「マーラーは不得手」だった大指揮者ヴィルヘルム・フルトヴェングラー（１８８６〜１９５４）をして作曲家の魅力に開眼させた。フルトヴェングラー唯一のマーラー公式盤、フィルハーモニア管弦楽団と１９５２年6月24日にロンドンのキングスウェイ・ホールでセッション録音した《さすらう若人の歌》（ＥＭＩ↓ワーナーミュージック）は27歳のフィッシャー＝ディースカウの美声の痕跡でもある。ドイツ語歌曲（リート）からフランス音楽、ブリテンの英語作品、ヘンツェやライマンなど同時代の作品を網羅、生涯４００タイトル以上のディスクを残した。私は勝手に「歌のエンサイクロペディスト（百科事典編纂《へんさん》者）」と呼んだ。指揮者としての評価は今一つだったが、私は１９７４年にロンドン・フィルハーモニー管弦楽団を指揮、ダニエル・バレンボイム（１９４２〜）独奏で録音したシューマンの「ピアノ協奏曲」（ＥＭＩ↓ワーナーミュージック）に、シューマンの「歌曲集《詩人の恋》」を得意とした大歌手の呼吸を感じ、長く「お気に入り」の1枚だった。

フィッシャー＝ディースカウは1942年にベルリン音楽院に入学したが、翌年に招集されロシアで辛酸を舐め、イタリアで終戦を迎えた。米軍捕虜となっても歌い続け、米軍に気に入られて各地に派遣されたことから復員が遅れ、1947年6月にようやく音楽院に復帰できたという。賛美歌学者を祖父、音楽教師を母に持ち、幼い頃から音楽の才を示したのは確かだが、他の戦中派ドイツ人と同様に時代の荒波に放り込まれ、素手から利き手を獲得した体験は、後の表現力と世界的評価の礎となった。1948年に西ベルリンのRIAS（アメリカ占領地区放送局）で最初にシューベルトの「連作歌曲集《冬の旅》」を歌い、前後してハンガリー出身の名指揮者フェレンツ・フリッチャイ（1914〜1963）に認められ、ベルリン市立歌劇場（現在のベルリン・ドイツ・オペラ＝DOB）でヴェルディ《ドン・カルロ》のロドリーゴ役を歌い、オペラ・デビューを飾った。あれほどのリート歌手なら、ベートーヴェンの「交響曲第9番《合唱付》」の「おお友よ！」の独唱を何度も録音したと思われるが、実際にはフリッチャイがベルリン・フィルハーモニー管弦楽団を指揮、1957年12月から1958年4月まで3回のセッションを組んで録音したドイツ・グラモフォンの1点だけだ。がんのために1963年2月、48歳の若さで亡くなったフリッチャイへの「恩義を生涯貫いた」とも推測されている。

初来日は1963年、東京・日比谷の日生劇場の杮落《こけら》としに企画されたDOB初の日本ツアーに同行し、カール・ベーム（1894～1981）指揮で《フィデリオ》（ベートーヴェン）のドン・フェルナンド役、《フィガロの結婚》（モーツァルト）のアルマヴィーヴァ伯爵役を演じたほか、イェルク・デームス（1928～2019）のピアノによるリート演奏会も行った。以後のDOB日本公演では1966年に《椿姫（ラ・トラヴィアータ）》のジェルモン役、1970年に《ファルスタッフ》の題名役と、ともにロリン・マゼール（1930～2014）が指揮するヴェルディのイタリア語歌劇にも出演。来日は1992年までの通算で11回に及び、シューベルト生誕200年に当たった1997年には、NHK教育テレビ（現Eテレ）がドイツで収録した「NHK趣味百科シューベルトを歌う講師　ディートリッヒ・フィッシャー＝ディースカウ」を放映するなど、日本での存在感も抜群だった。

ファンの方には申し訳ないのだが、実は私、フィッシャー＝ディースカウが歌うイタリア歌劇や、ドイツ歌劇でも《魔笛》（モーツァルト）のパパゲーノをはじめとする喜劇的な役柄への違和感をいまだ拭いきれないままでいる。ジェルモンと《トスカ》（プッチーニ）の悪役スカルピア男爵はマゼール指揮（デッカ）、《ファルスタッフ》はレナード・バーンスタイン（1918～1990）指揮（ソニーミュージック）の全曲盤が存在するが、どこか「抜けきれない」印象を受ける。ドイツ歌劇のシリアスな役であってもディスクでは「知的に過ぎる」と思う場合がある。ライバルのヘルマン・プライ（１９２９～１９９８）が得意としたオペレッタの分野で、フィッシャー＝ディースカウが人々を爆笑させる場面などは想像もつかない。つくづく、フィッシャー＝ディースカウ全盛期の演技と歌に、実際のオペラハウスで触れる機会がなかったことを悔やむ。

ドイツ・リート〝城〟の青ひげ公？

半面、シリアスな領域、とりわけコンサートのライヴでは何度も圧倒された。最も印象に残っているのは１９９１年6月末、ドイツ統一直後のベルリンで聴いたガリー・ベルティーニ（１９２７～２００５）指揮ベルリン・フィル、夫人のユリア・ヴァラディ（ソプラノ＝１９４１～）と共演したショスタコーヴィチの「交響曲第14番《死者の歌》」だ。フィルハーモニーの大ホールが改修工事中、室内楽ホールの濃密な空間で聴くベルティーニの鋭い音楽、英独仏露4か国語を駆使した夫妻の凄絶な歌唱に言葉を失った。日本でもヴォルフガング・サヴァリッシュ（１９２３～２０１３）指揮ＮＨＫ交響楽団と１９７９年に同曲をＮＨＫホールで演奏したが、眼前で起こる迫力の度合いが段違いだった。

二人はバルトークの「歌劇《青ひげ公の城》」もサヴァリッシュ指揮バイエルン国立管弦楽団とオリジナルのハンガリー語（ヴァラディの母国語）で録音している（ドイツ・グラモフォン）。青ひげ公は過去3人の妻を幽閉して「夜明け」「真昼」「夕暮れ」の役割を担わせ、4人目の女性ユディットに対しても「私は4人目を真夜中に見つけた」と叫び、自身の世界を完結させる。フィッシャー＝ディースカウも死別、離婚合わせて生涯に四度結婚しており、奇しくもヴァラディが最後（4人目）の妻だった。彼は、リート〝城〟の青ひげ公か？

1997年3月27日。私はDOBで当時の総裁ゲッツ・フリードリヒ（1930〜2000）が手がけた《さまよえるオランダ人》（ワーグナー）の新演出初演を、翌年の日本公演の準備を兼ねて現地で観た。ゼンタ役には当初ヴァラディが予定されていたが、直前に「健康上の理由」でザビーネ・ハス（1949〜1999）に替わった。ヴァラディはフィシャー＝ディースカウの16歳年下、《オランダ人》の上演時点では55歳と、まだまだ歌える年齢だけに不思議な降板にも思えた。

翌日、旧東ベルリン地区でバレンボイムが音楽総監督（GMD）として君臨するベルリン国立歌劇場（シュターツオーパー・ウンター・デン・リンデン）のレストランを昼食のために訪れた。店に入った途端、あの特徴的な風貌のフィッシャー＝ディースカウが偶然、目の前に現れた。傍らには快活で健康そのものに見えるヴァラディの姿がある。思わず声をかけ、「奥様、とても元気そうにお見受けしますが」と切り出してみた。大歌手は「女性の病にはね、外見からわからないものもあるのだよ」とだけ返し、ニタッと笑った。

一説にはオランダ人の救済を第二次世界大戦終結後のユダヤ人強制収容所解放に読み替えたフリードリヒ演出を嫌い、「妻を引きずり下ろした」などとも噂されていた。当時、日本舞台芸術振興会（NBS）でDOB日本公演の舞台監督を務め、フリードリヒと親しかった広渡勲さん（1940〜）によれば、「フィッシャー＝ディースカウが自身のオペラ引退5周年の節目に奥さんを〝殉死〟させた。まるで武家の妻みたいな話が真相らしい」。目に見えない病のはずだ。

2005年7月23日。DOBと並ぶオペラ出演の本拠、「ヴァラディとの出会いの場」でもあったバイエルン州立歌劇場（ナツィオナールテアーター）の《魔笛》（モーツァルト）終演後、フィッシャー＝ディースカウへの「マイスタージンガー・メダル」授与式があった。「宮廷歌手」より上の称号だ。同年5月の80歳記念イベントすべてを骨折でキャンセルしたと聞いて体調を案じたが、舞台に現れた名歌手は足取りも確か。夫人との馴れ初めも交え、ユーモアたっぷりのスピーチで客席を魅了した。

ピーター・ジョナス総裁（当時＝1946〜2020）に翌日、「すごく元気でしたね」と話しかけたら「ご冗談でしょ！」と一蹴された。舞台袖までは両脇を抱えられ、息も絶え絶えだったが「ステージへ出た途端、彼はフィッシャー＝ディースカウになった」と、ジョナスは奇跡の瞬間を明かした。最後の最後まで舞台人の矜持を護った大歌手の気概は、確かに武士道と一脈通じる。

vol. 16　クラウディオ・アラウ

©木之下晃アーカイヴス

クラウディオ・アラウ Claudio Arrau（1903―1991）

チリのチリャンで眼科医の息子として生まれ、1911 年、首都サンティアゴにデビューするとチリ政府が国家を挙げて支援、一家ごとベルリンへ留学させた。シュテルン音楽院でリストの高弟、マルティン・クラウゼに師事。1925 年、母校の教授に就任した。1927 年、ジュネーブ国際ピアノ・コンクールで優勝。1941 年にカーネギー・ホールへデビュー。翌年、アメリカに本拠を移した。初来日は 1965 年。

「リストのそばにいた」巨匠ピアニスト

1903年は20世紀の巨匠ピアニスト3人を世に送った。幼少時に一家でチリからドイツへ渡ったクラウディオ・アラウと、ボヘミア（現チェコ）生まれのロシア系ユダヤ人で米国に逃れたルドルフ・ゼルキン（1991年没）、生前は「サバを読んで」いて、死後に同い年とわかったウクライナのユダヤ人ヴラディーミル・ホロヴィッツ（1989年没）。1940〜1980年代には、そろってニューヨークを本拠としたが、芸風は面白いほど異なっていた。

日本の音楽ファンは長く、「本場志向」が強かった。中学生の私がクラシック音楽を本格的に聴き始め、年長の愛好者に「ベートーヴェンの『ピアノ・ソナタ』では、誰のレコードを買えば良いですか？」と質問すると、たいがい二人のドイツ人ヴィルヘルム——バックハウス（1884〜1969）とケンプ（1895〜1991）か、アルトゥール・シュナーベル（1882〜1951）の名盤を推してきた。当時すでに最初のベートーヴェン「ソナタ全集（第1〜32番）」（フィリップス→デッカ）を完成していたアラウの名を挙げる人は皆無だった。

ゼルキンとホロヴィッツは旧大陸ヨーロッパの出身だから、まだ参入障壁は低かったが、南米チリ生まれのアラウはレコード販売、聴衆動員の両面で長く冷遇された。1970〜198

0年代には「フィリップス」レーベルの看板アーティストとしてモーツァルト、ベートーヴェンからシューベルト、シューマン、ショパン、リスト、ブラームス、グリーグ、チャイコフスキー、ドビュッシーへと至るピアノ独奏曲と協奏曲を網羅する大量の録音を続け、欧米各地で年間100回前後の本番をこなしていた。

しかし、日本のある評論家はレコード雑誌でアラウの新譜が出るたびに「チリ生まれ」と書きたて、絶対に「推薦」を出さなかった。実際には8歳からベルリンでリストの高弟マルティン・クラウゼ（1853〜1918）に師事、1930年代にはJ・S・バッハ、ベートーヴェンの鍵盤作品全曲演奏会を同地で成功させたドイツ音楽の嫡子だった。同門にはエトヴィン・フィッシャー（1886〜1960）もいた。クラウゼはベートーヴェンからチェルニー、リスト……と受け継がれた鍵盤奏法直系の教師であり、アラウの本場度は「御三家」の中でも最も高かったはずなのに。

私は大学生になった頃、アラウの名声の〝内外格差〟に気付き、珍しく「推薦」をとりつけたショパンの「ピアノと管弦楽のための作品全集」から、「ピアノ協奏曲第2番」だけを抜き出した廉価の「サンプラー（お試し）盤」LPを買ってみた。1970年から1972年にかけてロンドンのウェンブリー・タウンホールでたっぷりとセッションを組み、当時30代半ばの若手だったエリアフ・インバル（1936〜）が指揮するロンドン・フィルハーモニー管弦楽団と仕上げた名盤。それまで第1番の協奏曲しか聴いたことのなかった私は先ずオーケストラの艶やかな響きに魅了され、長い前奏の後に入ってきたアラウの分厚く、輝かしく、たっぷりとした歌心に満ちたピアノに（どう言葉で表していいのか、未だにわからないほど）打ちのめされた。それは生まれてこのかた、聴いた覚えのない味わいに富むピアノの音だった。以後、アルバイト先の並行輸入盤店にフィリップスの新譜が届くたび、アラウの音源を買い集めた。

1979年6月3日、座席数約1000席と小ぶりな神奈川県立音楽堂（横浜市）でアラウの実演を初めて聴いた。ベートーヴェンの「ピアノ・ソナタ第21番《ワルトシュタイン》」「同第32番」、リストの「ピアノ・ソナタ」の予告だったが、ベートーヴェンの第32番が第7番に替わり、《ワルトシュタイン》の前に演奏された。

開演前の客席を見渡すと園田高弘（1928〜2004）、田崎悦子（1941〜）、神谷郁代（1946〜2021）……と当時の日本を代表するピアニストたちが多数詰めかけていた。小柄ながらガッチリした体格と大きな手に恵まれ、安定した姿勢でピアノを慈しむかのように紡ぎ出す音の一つ一つに輝きと深い味わいがある。とりわけ透き通る高音の美しさは、高貴ですらあった。瞬間瞬間に音楽が生き物として息を吹き返し、内面の激しい炎が噴出したにもかかわらず、偉大な静寂すら覚える稀有の体験だった。

アンコールはなかったが、本編で満腹以上だった。終演後、公演プログラムにサインをいただく時、マエストロと目が合った。翡翠《ひすい》を思わせる濃い緑の瞳はどこまでも透明で遠く大きな世界へと広がり、吸い込まれるほどの力を感じた。1987年5月、東京文化会館大ホールのリサイタルも聴いたが接触はなく、7年前の横浜が本当の一期一会だった。二度目の実演でも、ベートーヴェンの「ソナタ第26番《告別》」とリストの「《巡礼の年》第2年《イタリア》第7曲ソナタ風幻想曲《ダンテを読んで》」が見事だったのを覚えている。

ジョン・トラボルタを絶賛

私の「アラウ熱」は高まるばかり。シューマンの「ピアノ独奏曲集」のLPボックスを入手したくても、日本では某評論家がことごとく貶したために廃盤、1987年にニューヨークを訪れた際に五番街を往復して何軒ものレコード店（当時は存在した）を訪ね、最後の店が地下の倉庫から発見してくれた瞬間の喜びは忘れない。間もなくCDの時代が訪れたが、アラウ独自の肉厚のピアノの音色、ソノリティーの再現では長く、LPの方に軍配が上がった。

1976年10月15〜17日、アラウはレナード・バーンスタイン（1918〜1990）指揮バイエルン放送交響楽団とともにミュンヘンのドイツ博物館コングレス・ザールを訪れ、「良心の囚人」を救済するための国際組織「アムネスティ・インターナショナル」のチャリティー・コンサートでベートーヴェンの「ピアノ協奏曲第4番」を演奏した。アラウ唯一の「ドイツ・グラモフォン」音源となったライヴLPはアムネスティ限定盤として短期間発売されただけで姿を消し、21世紀に入ってようやくCD化された。バーンスタインにチリ人女優、フェリシア・モンテアレグレ（1922〜1978）を紹介し、結婚のきっかけをつくったのがアラウだった縁もあり、非常に打ち解けた雰囲気の演奏になっている。アラウは長く米国で暮らしたが、ドイツを終生愛していた。

1980年代末に妻、息子を相次いで亡くすと、傷心のアラウはニューヨークを引き払ってミュンヘンに居を移し、しばらく演奏活動を停止した。私が1988年に旧西ドイツ時代のフランクフルト・アム・マイン市に転勤して以降、何度かアラウのリサイタルのチケットを購入し、いつもキャンセルの憂き目に遭っていたのは、この時期に当たる。1990年代に入って再起を果たしたアラウはフィリップスでの長年のセッション会場、スイスの「ラ・ショー・ド・フォン」に舞い戻り、主要なレパートリーのいくつかを再び録音した。

最後のアルバムは1991年3月に収めたJ・S・バッハの「パルティータ第1、2、3、5番」。同年6月9日に公演先のオーストリアで腸閉塞の緊急手術後に亡くなったために第4番と6番を欠き、トルソー（胴体部分のみの彫刻）のように投げ出されてしまったが、アラウのディスコグラフィー（盤歴）では極めて重要な意味を持つ。1930年代のベルリンで、バッハの鍵盤作品全曲演奏会を成功させたにもかかわらず、アラウはワンダ・ランドフスカ（1879～1959）のチェンバロ演奏と出会い「バッハをピアノで弾く時代は終わった」と判断、1942年録音の「ゴルトベルク変奏曲」の録音（RCA→ソニーミュージック）を最後に封印、音源の発売も差し止めた。一説には第二次世界大戦中の物資不足で「ゴルトベルク変奏曲」の2点同時リリースが難しく「先輩に道を譲った」説もあるが、ランドフスカはアラウの存在を警戒していたともされ、真偽のほどはわからない。アラウが古楽奏法の進展に目をみはり「ピアノで弾くバッハも悪くない」と再認識、「ゴルトベルク変奏曲」の発売を許可したのは1988年。録音から46年が経っていた。生涯最後の録音がバッハ、というのは極めて興味深い。

万事に粘り腰だったアラウは、演奏のテンポも悠然としていた。国際音楽コンクールの審査員を歴任していた時期、ブラームスの「ピアノ協奏曲第1番」の第3楽章を猛烈なスピードで弾くコンテスタントに向かって思わず、「若者よ、そんなに急ぎなさるな！」と声をかけたこともあったという。それだけにイタリア人でラテンの気質を共有しつつ、ドイツ音楽を深く思索して掘り下げ、ゆっくりと指揮したカルロ・マリア・ジュリーニ（1914～2005）とは波長が合った。ジュリーニがEMI（現ワーナーミュージック）と契約して間もなく、アラウがEMIからフィリップスへ移籍したため、二人のセッション録音はロンドンのアビー・ロード・スタジオでフィルハーモニア管弦楽団と共演したブラームスの「ピアノ協奏曲第1番」（1960年4月21〜23日）、「同第2番」（1962年4月21〜22日）の2点しかない。私はドイツ・プレスのLPに始まり、CD、SACDシングルレイヤー盤、ワーナーミュージックが2022年にリマスタリングした24枚組の全集CD……と、いくつものフォーマットで繰り返し聴き、今もって同曲最高の音源と確信している。

もちろんクラウゼ直伝のリストが名盤ぞろいというのは、今さら書く必要もないだろう。1991年の死の直後、私はフランクフルトの自宅でZDF（第2ドイツテレビ）のアラウ追悼番組を観た。生前のインタビューでリストへの想いを問われると、子どものように微笑みながら「すぐそばにいる、と思います」とちょっとだけ、誇らしげに答えていた。

晩年、音楽学者ジョーゼフ・ホロウィッツ（1948〜）が対談形式でまとめた英書『ARRAU on Music and Performance』（邦題は『アラウとの対話』＝みすず書房）の中に、驚くべき記述があった。映画好きのアラウは「最近一番気に入った作品」を尋ねられ、「サタデー・ナイト・フィーバー」と即答、主演のジョン・トラボルタ（1954〜）の踊りを絶賛した。「ルート（フランクフルト生まれのメゾソプラノ、ルート・シュナイダー＝1908〜1989）と交際・結婚したころまではダンスに熱中、実は私、かなり上手だったのだよ」。体内に秘められたラテンの血が表に出た一瞬を介し、自分はますます、アラウのことが好きになった。

vol. 17　ロリン・マゼール

©木之下晃アーカイヴス

ロリン・マゼール Lorin Maazel（1930—2014）

アメリカの指揮者。８歳でニューヨーク・フィルハーモニックを指揮してデビュー。９歳でストコフスキーの招きでフィラデルフィア管、11歳でトスカニーニに認められＮＢＣ響を指揮。1960年、バイロイト音楽祭に史上最年少でデビュー。1963年に初来日した。ベルリン・ドイツ・オペラ、（旧西）ベルリン放送交響楽団（現在のベルリン・ドイツ交響楽団）、クリーヴランド管弦楽団、フランス国立管弦楽団、ウィーン国立歌劇場、ピッツバーグ交響楽団、ニューヨーク・フィルハーモニック、パルマ・トスカニーニ交響楽団、バイエルン放送交響楽団、ミュンヘン・フィルハーモニー管弦楽団などのシェフ・ポストを歴任した。

稀代の「指揮ヴィルトゥオーゾ」の光と影

ロリン・マゼールが亡くなった2014年、私は「才能の乱反射　器用貧乏が徒《あだ》となったディスコグラフィー」と題した、ちょっと意地悪な追悼記事をタワーレコードのフリーマガジン「intoxicate」（とそのサイト「Mikiki」）に寄稿した。私は「正直に判定してマゼールの場合、膨大なディスコグラフィー（盤歴）を分母とした『名盤』『決定盤』の打率が極端に低いとは言えないだろうか？」と、疑問を表明した。

ウィーン・フィルハーモニー管弦楽団と初期に手がけた交響曲全集も国民楽派のシベリウス、チャイコフスキーであって、ドイツ＝オーストリア音楽ではなかった事実から想像するに、当時の「デッカ」レーベルでヘルベルト・フォン・カラヤン（1908〜1989）、ゲオルク・ショルティ（1912〜1997）らがなかなか手がけない領域を埋めてくれる「便利な指揮者」として使われていたのではないか？　ウィーン・フィルとの名盤として名高く、私も長く愛聴してきたベルリオーズの「劇的交響曲《ロミオとジュリエット》」やストラヴィンスキーの「バレエ音楽《春の祭典》」、ブルックナーの「交響曲第5番」にしてもデッカのカタログ穴埋め方針から生まれた。《幻想交響曲》《イタリアのハロルド》も網羅したベルリオーズの交響管弦楽作品シリーズ（この2曲の録音はクリーヴランド管弦楽団）とか、ストラヴィンスキーの「三大バレエ音楽」など、真の「名盤」「決定盤」制作を意識した戦略が存在したわけではなさそうだ。

クリーヴランドとのプロコフィエフ「バレエ音楽《ロミオとジュリエット》」、ガーシュインの「歌劇《ポーギーとベス》」といった舞台音楽の輝かしい全曲盤も〝ピン〟でデッカのカタログ上に突出しているため、世間一般の聴き手の記憶にはなかなか定着しない。イタリアオペラの全曲盤でも、ヴェルディの《ラ・トラヴィアータ（椿姫）》最初の録音はベルリン・ドイツ・オペラ（DOB）でピラール・ローレンガー（1928〜1996）のヴィオレッタ、ジャコモ・アラガル（1939〜）のアルフレードというスペイン人コンビにドイツ人ディートリヒ・フィッシャー＝ディースカウ（1925〜2012）のジェルモンと、ごく普通の〝イタオペ〟ファンなら敬遠しそうなキャスティング。ローマの聖チェチーリア国立アカデミー管弦楽団とのプッチーニの《トスカ》もカヴァラドッシこそイタリアの英雄フランコ・コレッリ（1921〜2003）だが、題名役はスウェーデンが生んだ不世出のワーグナー歌手ビルギット・ニルソン（1918〜2005）、スカルピアはまたしてもフィッシャー＝ディースカウだ。いずれも若いころのマゼールの切れ味鋭い棒と歌手の熱演は聴きものながら、ジョン・サザーランド（1926〜2010）やレナータ・テバルディ（1922〜2004）、レオンティーン・プライス（１９２７〜）らの名盤ひしめくカタログの上では、二番手でしかない。当時のデッカの担当者が健在なら、真意を確かめたくなる。

マゼールは１９８２年、ユダヤ系作曲家&指揮者の大先輩に当たるグスタフ・マーラー（１８６０〜１９１１）が１８９７年から１９０７年まで君臨したウィーン国立歌劇場音楽総監督（ＧＭＤ）のポストをついに手に入れ、ＣＢＳ（現ソニーミュージック）と契約、ウィーン楽友協会（ムジークフェラインン）ホールでマーラー「交響曲全集」のセッション録音を開始した。作曲者と親交のあったブルーノ・ワルター（１８７６〜１９６２）やオットー・クレンペラー（１８８５〜１９７３）、その後継に当たるレナード・バーンスタイン（１９１８〜１９９０）にも実現できなかった「ウィーン・フィルとのマーラー全集」の大成功は、確約されたかに見えた。様々な政治的陰謀に巻き込まれたマゼールは84年にＧＭＤを退くが、ウィーン・フィルとのコンサートは続き、マーラー全集も89年に完成した。

英国の音楽ジャーナリスト、ノーマン・レブレヒト（１９４８〜）の著書『クラシックレコードの百年史』（猪上杉子訳＝音楽之友社、２０１４年刊）は巻末に「記念碑的名盤１００」とともに「迷盤20」を挙げている。マゼール指揮ウィーン・フィルのマーラー「交響曲第２番『復活』」は「迷盤」の５点目に登場した。１９８３年1月の凍りついたセッションを、レブレヒトが暴露する。

「真冬の土曜日の夜、ウィーン楽友協会ホールの聴衆は不安で凍りついていた。贖《あがな》いの芸術作品に立ちこめた腐った空気は筆舌に尽くしがたいほど破壊的なものだった。どんなにヴァイオリンが甘く歌い、木管がハミングしても、荒涼とした雰囲気は信頼を拒絶し、二人の女性ソリストが立ち上がって大声を張り上げた時、オーケストラと合唱団の誰もが、他に生活費を稼げる仕事をやっておくべきだったと思っただろう。誰もが当事者になりたくないというレコードがあるとするならば、これだ」。

ベートーヴェンに「巨匠のファンタジー」

マゼールはユダヤ＝ロシア系の父、ハンガリー＝ロシア系の母の間の米国移民第2世代としてパリ近郊で生まれたコスモポリタン。8歳で指揮の天才少年として売り出し、30歳でバイロイト祝祭に初の米国人指揮者としてデビュー、35歳でＤＯＢのＧＭＤに就いた。ヴァイオリン演奏も得意でリサイタル盤を出した。ジョージ・オーウェルの小説に基づくオペラ《１９８４年》（２００５年にロンドン・コヴェントガーデンのロイヤル・オペラで世界初演）をはじめとする作曲でも足跡を残している。コスモポリタンの宿命の上に、ピッツバーグ大学で言語学と数学、哲学も学ぶといった人格形成が加味され、従来のヨーロッパ、米国いずれの演奏家とも異なる音の感覚、はたまたキャリアや金銭に対する価値観が醸成された。実演でのギョッとするほどの即興の面白さ、アクの強い表情には「複雑形」の背景が大きく作用している。だがセッション録音では「巨匠」であろうとするオブセッション（強迫観念）が時に空回りし、ベートーヴェンやマーラーのようにやり過ぎるか、ブラームスやヴェルディのように何もやらないかの極端に振れ、なかなか中庸の普遍に落ち着かない。

私が生まれて初めてマゼールの指揮の超絶技巧に接し、ヴィルトゥオージティ（名人芸）に圧倒されたのは1978年7月16日の神奈川県民ホール（横浜市）。当時首席指揮者を務めていたフランス国立管弦楽団の日本ツアーで演奏した《イタリアのハロルド》《幻想交響曲》のベルリオーズ2本立てだった。14日にはNHKホールで「劇的交響曲《ロミオとジュリエット》」も指揮。フランス国営放送とNHKの提携に基づいて、メシアンの《主イエス・キリストの変容》日本初演（15日、NHKホール）を含む全プログラムが放送&放映された。鋭い棒で極彩色の鮮烈な音像をとことん引き出す鬼才の姿を、今もはっきり覚えている。

その腕前は晩年に至るまで、少しも衰えなかった。2010年12月31日（大晦日）の東京文化会館大ホールではヒロユキ・イワキ・メモリアル・オーケストラとの一期一会、ベートーヴェンの交響曲全曲（第1～9番）を半日の間に振りおおせた。かつてロンドンで、フィルハーモニア管弦楽団と「1日半」の間に全曲を指揮して「ギネスブック」に載った記録を岩城宏之

（1932～2006）に塗り替えられたリヴェンジを岩城の死後、その名を冠したオーケストラと実現した。

出演料も一説には「数千万円」と噂されるほど高額だったが、実力にはコンサートマスターの篠崎史紀（1963～）をはじめ、同オケの中核を担うNHK交響楽団の楽員たちが惚れ込んだ。2012年10月にはN響定期へ初出演。ABCの3シリーズすべてを指揮した中でも、自身が編曲したワーグナーの「楽劇《ニーベルングの指環》4部作」の管弦楽抜粋が超絶の名演だった。

ベートーヴェンではかつて首席指揮者を務めたバイエルン放送交響楽団が保管する「マゼール版」のパート譜を取り寄せ、ピリオド（作曲当時の）奏法の対極にある〝ケレン味〟たっぷり、ゴージャスなアプローチを披露した。マゼールが田崎真珠をスポンサーに、日本でフィルハーモニア管とベートーヴェンを演奏する機会をとらえ、解釈の極意を尋ねてみた。

「ピリオド楽器や奏法の研究が進み、ベーレンライター新版などの歴史的情報を重視した校訂版も出た現在では、かなりユニークなアプローチですね」。マゼールは「楽譜や楽器がどうあろうと、自身のファンタジーを最大限に発揮するのがマエストロ（巨匠）というものです」と胸を張った。

「だけど最近、ウィーン・フィルが何曲か録音したロリン・マゼールという作曲家の譜面は演奏指示がすごく細かくて『なかなか自由に弾かせてくれない』と、親しい楽員がこぼしていました。マエストロはこのスコアに対しても、自由なファンタジーを発揮されるのですか？」と私がたたみかけると「うーん、いい質問だね」とつぶやいたきり、黙ってしまった。

並外れた才能とテクニックを備えていたにもかかわらず、オーケストラの人事レースやレコーディング実績ではカラヤン、ましてやクラウディオ・アバド（1933〜2014）にまで先を越され、プライドだけが肥大化していった時期だ。ニューヨーク・フィルハーモニックとの来日時、マゼールを囲んだランチに出席したことがある。リハーサルを終え、少し遅刻して現れたマエストロは「私が若い頃、マエストロといえばフルトヴェングラー、ワルター、トスカニーニ、（エーリヒ）クライバーと、何人もの名前を挙げることができました。然るに今は……」と切り出した。当然、「それはマゼール先生、あんたが大将！」と持ち上げられるのを期待していたようなのだが、皆の関心が佳境に差しかかった中華料理のコースの美味に注がれ、肩透かしを食らってしまった。ちょっと凹んだマエストロは「日本酒、そうだ冷酒がいい」と、話題を変えた。その晩のドヴォルザーク「交響曲第9番《新世界から》」の演奏が、千鳥足のようなリズムであったか否かの記憶はもはや、忘却の彼方に存在する。

ヴェルディの「レクイエム」で「お別れ」

実のところ、マゼールはいささか時代遅れのロマンティストで、もっとエモーショナルな音楽に身をやつしたかったのではないか？　そう思わせる状況証拠が、プッチーニへの偏愛に見られる。旧CBS時代、マゼールはプッチーニ歌劇の全曲録音を契約した。未完に終わったが、現在もソニーのカタログには《蝶々夫人》《ラ・ヴィッリ（妖精）》《西部の娘》《三部作（修道女アンジェリカ、ジャンニ・スキッキ、外套）》《トゥーランドット》が生きている。DVDに残る１９８６年スカラ座公演の浅利慶太（１９３３〜２０１８）演出《蝶々夫人》の指揮も見事で、正規録音に恵まれなかった日本の大歌手、林康子（１９４３〜）の全盛期を今に伝える名盤としての価値も担う。亡くなった年の12月にも、最後に音楽監督を務めたミュンヘン・フィルハーモニー管弦楽団を本拠地ガスタイクで指揮、《西部の娘》全曲を演奏会形式で上演する予定が入っていた。

最後の夫人はミュンヘン出身の女優、ディートリンデ・トゥルバン（１９５７〜）。弟インゴルフ（１９６４〜）はセルジュ・チェリビダッケ（１９１２〜１９９６）に招かれミュンヘン・フィルのコンサートマスターを短期間務め、現在はミュンヘン音楽大学教授だ。マゼールは死（2014年7月13日）の5か月前（2月6日）、同フィルとの最後の共演となったガスタイクのヴェルディ《レクイエム（死者のためのミサ曲）》演奏会に、トゥルバン家の人々を招いた。「義兄は複雑な人間でしたが、この日の終演後ばかりは家族一人一人の手を握り、『皆さん、今まで本当にありがとう』と、目に涙を浮かべながら挨拶したのです。それがまさに、最後でした」と、インゴルフは振り返る。

後にソニーがライヴ盤として発売したこの演奏にはハッタリのかけらもなく、生涯を音楽に捧げたマエストロの最終的な「解脱境」が、はっきりと記されている。「帝王」カラヤンの権威などに憧れたりせず、日本を初めて訪れたころの「才気煥発なオペラ指揮者」の路線を大切にしていれば、マゼールの晩年にはまた、異なる光景が広がっていたはずだ。

vol. 18　ヤーノシュ・シュタルケル

©木之下晃アーカイヴス

ヤーノシュ・シュタルケル János Starker（1924—2013）

ハンガリー・ブダペスト生まれ。7歳でブダペスト音楽院に入学。11歳でデビュー。ユダヤ系のため、第二次世界大戦中は非常に困難な生活を送る。ブダペスト国立管弦楽団、ブダペスト・フィルハーモニー管弦楽団の首席奏者を歴任した後の1946年、祖国を去る。1948年、コダーイ「無伴奏チェロ・ソナタ」の録音がフランスのディスク大賞を獲得。ダラス交響楽団、メトロポリタン歌劇場管弦楽団、シカゴ交響楽団を経てフリーに。インディアナ大学教授を務め、堤剛らを育てた。初来日は1960年。

「気は優しくて力持ち」のチェロ名人

ヤーノシュ・シュタルケルは1946年に母国ハンガリーを去り、1948年に同郷の先輩アンタル・ドラティ（1906〜1988）の招きでダラス交響楽団の首席チェロ奏者に招かれて以降、亡くなるまで米国を本拠地とした。同じく同郷のフリジェシュ・レイネル（フリッツ・ライナー＝1888〜1963）の引きでメトロポリタン歌劇場管弦楽団に移籍、ライナーがシカゴ交響楽団音楽監督に就いた1953年から5年間、同響の首席を務めた後に独立した。

1958年にインディアナ州ブルーミントンに居を構えると、インディアナ大学音楽学部教授とソロ活動を車の両輪に、世界規模の名声を高めた。後に教授ポストを継ぐことになる堤剛（1942〜）は、シュタルケルの生徒。晩年のツアーに同行したピアニスト練木繁夫（1951〜）も、インディアナで発掘した才能だったから、かなりの親日家といえた。左手の重要性を強調したシュタルケル著の教則本『チェロ・メソード』は死後なお、多くのチェロ奏者に影響を与えている。

2022年に80歳を祝った堤にインタビューした中で、シュタルケルに弟子入りした経緯を聞いた。「米国のフルブライト奨学金留学生に合格した直後の1960年12月、シュタルケル先生がピアノのジェルジ・シェベック（1922〜1999）先生とともに初来日されました。齋藤秀雄（1902〜1974）先生と二人で神田の共立講堂へ聴きに行き、コダーイの『無伴奏チェロ・ソナタ』の名演に衝撃を受けると即、齋藤先生は私のことを相談するため、宿泊先の高輪プリンスホテルを訪ねます。齋藤先生が『私はベルリンでエマヌエル・フォイアマン（1902〜1942）について吸収したものを日本に根付かせたいのです』と切り出すと、シュタルケル先生は『フォイアマンに会ったことはありませんが、小さい頃からの目標でした』と答え、齋藤先生は『この人しかいない』と直感、留学先がインディアナ大学に決まりました」。堤はさらに「シュタルケル先生には合理的メソードで、一から叩き直されました。80歳になっても弾いていられるのは、偏《ひとえ》にその厳しい指導のおかげです」と、シュタルケルへの感謝を述べた。日本チェロ協会を設立したのも師の入れ知恵だった。「米国では奏者間の横のつながりが強く、チェロ協会もあります。シュタルケル先生から『日本でも組織してみたら？』と提案され、実行に移したのでした」。

シュタルケルがソリストとして頭角を現した〝勝負曲〟は、ゾルタン・コダーイ（1882〜1967）が1915年に作曲した「無伴奏チェロ・ソナタ」だった。1948年にパリで行った最初の録音がフランスのディスク大賞に輝き、2年後にバルトークの息子ピーター（1

924～2020）が制作した再録音の切れ味、解像度は日本でも「松ヤニの飛び散るような……」と評され、今日なお名盤の誉れが高い。

もちろんJ・S・バッハの「無伴奏チェロ組曲」から同時代のバーバーに至るまで、レパートリーは膨大だった。ドヴォルザークの「チェロ協奏曲」ではワルター・ジュスキント（1913～1980）指揮フィルハーモニア管弦楽団（1956）、ドラティ指揮ロンドン交響楽団（1962）、レナード・スラットキン（1944～）指揮セントルイス交響楽団（1990）と、3点の正規録音を残している。私が最初に聴いたシュタルケルの実演も1970年代、東京の五反田にあった東京簡易保険会館（ゆうぽーと）で小林研一郎（1940～）指揮ブダペスト・フィルハーモニー管弦楽団と演奏したドヴォルザークの協奏曲だった。天性のメロディストが作曲したチェロ協奏曲の中でも最大の人気曲だが、あまりに情緒てんめん、ノスタルジックな思い入れをこめて弾くと、通俗に堕す危険が無きにしもあらず。シュタルケルの演奏解釈は十分なヴィルトゥオージティ（名人芸）を備えながらも、決して通俗に堕さない品格を保っていて素晴らしかった。

東京音大のツアーに同行

室内楽でもインディアナの同僚のイタリア人ヴァイオリニスト、フランコ・グッリ（1926～2001）と妻でピアニストのエンリカ・カヴァッロ（1921～2007）とのピアノ三重奏で来日したように、流派を異にする演奏家とも、きちんとしたバランスを整えられるだけの理性の持ち主だった。さすがに最晩年、日本で練木のピアノ、徳永二男（1946～）のヴァイオリンとピアノ三重奏の演奏会を行った時はパワーを使い果たし「ジャパニーズ・タフメン（日本の腕利きの男たち）との力技で、私はもう、くたくただよ」と終演後の楽屋で腕をブラブラ動かし、私の前でおどけてみせた。

1993年11月。69歳のシュタルケルは「東京音楽大学シンフォニーオーケストラ」の米国ツアーにソリストとして招かれ、ワシントン、シカゴ、ニューヨークなどでドヴォルザークの協奏曲を弾き続けた。指揮は当時35歳の広上淳一（1958～）。ロンドンのマネジャーの反対を押し切り、自身の米国&カーネギー・ホール・デビューを「母校のオーケストラとともに行う」と宣言しての強行日程。たぶん、広上が当時契約していた神原音楽事務所がシュタルケルの日本招聘元だった縁で実現した「夢のツアー」だと思う。私は何かと面倒なジャーナリスト用の米国ビザ（入国査証）ではなく、「東京音大臨時職員」という珍妙な資格で同行した。

それまでディスクのジャケット写真、あるいは遠くから拝んだ舞台上の演奏姿しか知らず、「眼力の鋭いコワモテ巨匠」と勝手に思い込んでいた。だがツアーを通じて間近に接したシュタルケルは物静かで謙虚、ユーモアのセンスにも事欠かず、むしろ全身に包容力というか温かさを漂わせた稀にみる紳士だった。多くの巨匠がツアー中は本番だけ現れるのに対し、シュタルケルは毎日のゲネプロ（会場総練習）に最初から最後まで付き合い、前回のコンサートでソロをしくじった管楽器の学生が上手に吹けば振り返り、「Good（よし）！」と親指を高く掲げて励ますなど、年季の入った教育者の顔も存分に発揮した。

ある晩「広上の指揮はものになりますか？」と尋ねてみた。「私はもう、この曲を50年以上弾いてきました。最初は無我夢中でしたけど、歳月を経て形がついたように思います。一定の頭脳と体力さえあれば、何とかなるものです。ヒロカミの腕っぷしは丈夫だし、頭も悪くなさそうだから、問題はないと思いますよ」。

ツアーの大詰め。ニューヨークの高級ホテル「ウォルドルフ＝アストリア」でシュタルケル夫妻が私たちのために企画してくださった打ち上げディナーの席では、偉大なマエストロ＆プロフェッサーにも全く歯の立たない相手がいることを知った。なごやかな食事、主要メンバーのスピーチが終わると、シュタルケル夫人がスッと立ち上がり、黙って左腕を水平に突き出す。

間髪を入れずシュタルケルが近づき、たいそう高級なハンドバッグをスーッと奥様の腕に通した。いかにも手慣れた様子に、お二人の力関係が歴然と現れていた。

vol. 19　セルジュ・チェリビダッケ

©木之下晃アーカイヴス

セルジュ・チェリビダッケ Sergiu Celibidache（1912—1996）

ルーマニア王国（当時）ヤシ生まれ。6歳からピアノを学ぶ。1936年にベルリンへ移り、ベルリン音楽大学で学ぶ。1945年、ベルリン・フィルの暫定首席指揮者に選ばれる。「非ナチス化裁判」に勝訴して復帰したフルトヴェングラーが1954年に死去すると、カラヤンが後を奪う。スウェーデン放送交響楽団や南ドイツ放送交響楽団などで指揮、1979年、ミュンヘン・フィルハーモニー交響楽団首席指揮者に就任。練習は厳しく毒舌家、カラヤンの悪口をしばしば言った。読売日本交響楽団への客演を皮切りに頻繁に来日、仏教に改宗している。

実は人懐こかった孤高のマエストロ

ドイツ「第三帝国」は第二次世界大戦で大敗を喫して崩壊、廃墟と化した首都ベルリンでは音楽界もどん底にあった。ベルリン・フィルハーモニー管弦楽団もアドルフ・ヒトラー（1889〜1945）とナチス（国家社会主義ドイツ労働者党）のホロコースト（大量殺戮）でユダヤ系楽員を失う一方、ドイツ人楽員にも多くの戦死者を出し、伝統が分断された。音楽監督・常任指揮者のヴィルヘルム・フルトヴェングラー（1886〜1954）はナチスとの関係を問われて活動休止に追い込まれ（後に無罪）、戦勝国の一角である旧ソ連が1945年5月に押し込んだドイツ系ロシア人指揮者、レオ・ボルヒャルト（1899〜1945）は米国兵の誤射により、わずか3か月後に落命した。

混乱の極に陥ったベルリン・フィルはベルリン放送交響楽団が主催したコンクールで1位を得た当時33歳のルーマニア人、セルジュ・チェリビダッケを暫定常任指揮者に指名した。オーケストラを指揮した経験はほとんどなかったにもかかわらず、入念なリハーサルと才気あふれる演奏で、焦土ベルリンの聴衆の心をつかんだ。フルトヴェングラー復帰までの7シーズンを懸命に支えたが、あまりに厳格な手法が次第に疎ましがられ、1954年にフルトヴェングラーが亡くなると、首席指揮者の座をヘルベルト・フォン・カラヤン（１９０８〜１９８９）に奪われた。以後は北欧、イタリア、フランスなどドイツ＝オーストリア圏外に身を潜め、ＡＶメディアの活用で成功を収めたカラヤンへの対抗意識からか録音を拒否、「幻の巨匠」と呼ばれた。

風向きが変わったのは１９７０年代。１９７１年に南ドイツ（ＳＤＲ）放送交響楽団（後のシュトゥットガルト放送交響楽団、現ＳＷＲ交響楽団）に客演して大成功を収め、１９７２〜１９７７年に実質常任の定期客演指揮者（Ständiger Gastdirigent ＝シュテンディガー・ガストディリゲント）を務めた。１９７５年にはフランス放送協会（ＲＴＦ）の機構改革に伴い、フランス国立放送管弦楽団（ＯＲＴＦ）から改称したフランス国立管弦楽団（ＯＮＦ）の音楽監督にも指名されたが、わずか1年で辞任した。どちらも受信料と税金で成り立つ公共放送局のオーケストラなので「録音拒否」を貫くこともできず、シュトゥットガルトのブルックナーやブラームス、ドヴォルザーク、パリのラヴェルやプロコフィエフ、マルタ・アルゲリッチ（１９４１〜）と共演したシューマン「ピアノ協奏曲」などの名演が公共放送局間の世界規模の音源交換ルートを通じ、日本のＮＨＫ-ＦＭでも頻繁に放送された。当時、高校生だった私も「チェリビダッケという聴いたこともない指揮者」の圧倒的な名演奏に打ちのめされ、エアチェック（放送内容をカセットテープに収める趣味の行為）に熱中した。

大学に入った1977年の10月18日、ついにチェリビダッケを生のコンサートで聴く機会が訪れた。始発電車で渋谷の西武百貨店に駆けつけ、開店と同時にテナントのプレイガイドでチケットを手に入れた日本で最初の演奏会は、読売日本交響楽団の第140回名曲コンサート。メンデルスゾーン「《真夏の夜の夢》序曲」とラヴェル《マ・メールロワ》組曲、バルトーク《管弦楽のための協奏曲》と当時の「名曲」にしては、かなりハイブロウな選曲だった。

メンデルスゾーン冒頭、フルート奏者の最弱音が「音」ではなく「空気の震え」として、貧乏学生が買った東京文化会館大ホール5階右端の席まで確かに到達した瞬間、全身に衝撃が走った。「これが本物のピアニッシモというものか!」。極限状況に置かれた人間の魂が最後に絞り出した愉悦感、そこに潜む苦味を厳しく描いたバルトークも凄絶。まだマエストロの肥満も痛風も悪化せず、ダンサーを思わせる身のこなしと音の切れ味が健在だった。1980年にロンドン交響楽団と来日した際も、ブラームス「交響曲第1番」の第4楽章、ホルンがハ長調の有名な主題を朗々と奏でる場面で、第1ヴァイオリンの繊細極まりないオブリガートに唖然とした。アンコールの《スラヴ舞曲》(ドヴォルザーク)や《ロミオとジュリエット》(プロコフィエフ)からの小品名曲では、意外なほどのユーモアのセンスも発揮した。

1979年6月、チェリビダッケは1976年に病死したルドルフ・ケンペ(1910〜1976)の後任としてバイエルン州都ミュンヘンの市立オーケストラ、ミュンヘン・フィルハーモニー管弦楽団の首席指揮者に迎えられ「ミュンヘン市音楽総監督（GMD）」の称号も得た。実は終戦後のベルリン時代からひそかに「楽員思いの指揮者」として知られ、ミュンヘン・フィル就任の条件の一つは「楽員給与をバイエルン放送交響楽団並みに引き上げること」だった。ミュンヘン・フィルは流浪の指揮者の「ついの棲家」となり、いく度かの危機を乗り越え、亡くなるまでとどまった。日本には1986、1990、1992、1993年の四度もツアーを行い、とりわけ「他の誰より悠然とした歩み」の晩年様式に徹し、細部に至るまでのすべてを描出したブルックナーの交響曲の名演でカリスマ的人気を博し、巨匠の名声を最終的に確定した。

カルロス・クライバーと呉越同舟に

1986年のツアーを終え、ミュンヘンに戻るタイミングで〝大事件〟が起きた。チャーター便を請け負ったルフトハンザ・ドイツ航空はおそらく何も考えず、同じ時期に日本公演を行ったミュンヘンのオペラハウス、バイエルン州立歌劇場のオーケストラであるバイエルン国立管弦楽団（Staatsorchester＝シュターツオーケスター）との相乗りをブッキングした。シュターツオーケスターを率い、フライトにも同乗した指揮者はカルロス・クライバー（1930

〜2004）だった。1984年にチェリビダッケが米国フィラデルフィアのカーティス音楽院に招かれ、指揮のマスターコースを行った際の記者会見で「カラヤンはポップスターかコカコーラ」「カール・ベームはジャガイモ袋」「ヴォルフガング・サヴァリッシュは人格識見とも卓越しているが、願わくば指揮台ではなく音大の学長でいてほしい」などなど同業者を次々にこき下ろした。「これは、ひどい」と思ったクライバーはドイツの週刊誌「デア・シュピーゲル」に「天国のトスカニーニから」という署名の反論を投稿し、「ブルックナーは『あなたのテンポ、間違っているよ』と言っています」「カラヤンはこちらでも人気があります」「天国のリハーサル時間は無限なので、早くおいで」……と書き連ねた。犬猿の仲だ。

チェリビダッケとクライバーの〝呉越同舟〟が伝わると、ミュンヘン・フィル招聘元の梶本音楽事務所（現KAJIMOTO）、バイエルン招聘元の日本舞台芸術振興会（NBS）に激震が走った。クライバーと親交のあったNBSの元プロデューサー、広渡勲さん（1940〜）は「心臓が止まるかと思いました」と振り返る。巷にはどちらかの楽員が機内でこっそり撮影した〝現場〟の映像が今も流れている。二人とも超大物マエストロだから座席は当然ファーストクラスで至近距離、とても神経質で「どうして良いかわからない」風情で固まっているクライバーの席にウィスキーグラスを片手に歩み寄り、「一杯どうだい？」と声をかけるチェリビダッケ。ビデオはここで終わるが、二人は一睡もせず、音楽について親しく語り合ったという。ミュンヘン到着後、二つの音楽事務所に「無事故」の報告が届く。クライバーは広渡さんに「あんな素晴らしい人だとは思わなかったよ。楽しかった」と報告してきた。いい話だと思う。

1988年夏。旧西ドイツ時代のフランクフルトに転勤した私は、北部の「シュレスヴィヒ＝ホルシュタイン（SH）音楽祭」で世界から選抜された学生たちのオーケストラを指導するチェリビダッケに休憩時間中、インタビューする許可を得た。モーツァルトの「交響曲第39番」の最初の練習が終わり、学生たちが外で談笑したり、タバコを吸ったりする間、マエストロは質素な厩舎を改造したホールの指揮台にとどまり、ひたすらモーツァルトのスコアを読んでいた。あまりに純粋で神々しい姿に圧倒され（本当に後光がさしているように見えた）、「絶対に声をかけてはならない」と自らを戒め、取材を放棄した。

1か月後にパリを旅行していると、チェリビダッケとSHの学生オーケストラがサル・プレイエルに、モーツァルトとブルックナーの「交響曲第4番《ロマンティック》」という至高のプログラムで来演するポスターが目に入り、当日券を買った。入場時、曲目変更を告げる紙を渡された。「マエストロの体調が万全ではないので、ご本人に負担の軽いラヴェルの『組曲《マ・メール・ロワ》』とプロコフィエフの『バレエ音楽《ロミオとジュリエット》抜粋』に替えます」。チェリビダッケ自身が考える楽曲の難易度が垣間見え、非常に面白い経験をした。

演奏はキレキレ、とても「具合が悪い」とは思えず、アンコールのオマケまであった。

日本人とも親しく交流した

そのころは市直営のミュンヘン・フィルも〝民間活力〟導入で企業スポンサー獲得に乗り出し、日本電気のドイツ法人「NECドイッチュランド」が名乗りを上げた。高橋将夫社長（当時）は「日本企業もヨーロッパに進出した以上、文化支援に力を入れるべきだと思い、決断したのです」と私に説明した。高橋さんの奥様はドイツ人に琴を教え、料理も上手だったので、仏教に帰依して日本食を好んだチェリビダッケが高橋家のシュタムガスト（常連客）となるまでに時間はかからなかった。1993年4月のミュンヘン・フィル日本ツアーの折、ともに帰国していた高橋一家と私はチェリビダッケの楽屋を訪ねた。ドイツではピアノを弾いていた娘さんが「経営学部に進んだ」と聞くと、マエストロは「お嬢さん、お金がすべてじゃないよ。音楽の道を諦めるなんて、残念だな」と、孫娘を諭すような表情で嘆いてみせた。

前後して、ファン有志が設けたディナーの場（東京の五反田）に現れた。食前酒に「日本古来の薬草酒が体にも良さそうだ」と希望するものの、ソムリエに「お客様、当店はバイエルン料理店でございます」と返され、あえなく撃沈した。「仕方ないなあ」と漏らしたが、店に薦められた赤ワインが殊のほかお気に召したようで、先ずは陽気なルーマニア人気質が炸裂。和やかで笑いの絶えない宴が進み、最後は両脇を抱えられて退場した。それでも「日本には日本食という世界最高の文化がある。ミュンヘンのビアホールの姉妹店とか、醜悪で不必要な偽物は君が爆破してしまえ！」と私に〝指令する〟ことも忘れず、世界を震撼《しんかん》させた毒舌の一端に触れることもできた。今でも、ヘベレケ姿のマエストロが目に浮かぶ。

１９８８年、「デア・シュピーゲル」はベルリン・フィル台湾ツアーにまつわる音楽マネジメント、映像制作会社などの「カラヤン一家」の不正蓄財をすっぱ抜く。カラヤンが肉体の衰えで指揮回数が激減していたことも拍車をかけ、楽員だけでなく西ドイツ（当時）連邦議会やベルリン市（州と同格の特別市）政府からも辞任要求が噴出した。１９８４年4月にカラヤンが突如辞任、翌月に「統一までの暫定首都」だったベートーヴェンの生地、ボンで政府が主催したドイツ連邦共和国（旧西ドイツ）建国40周年記念式典にはカラヤンとベルリン・フィルではなく、チェリビダッケとミュンヘン・フィルが招かれた。そのベートーヴェン「交響曲第5番《運命》」は全国にテレビ中継され、私も観た。後にフランクフルトでも同じ曲に接したが、権威主義のかけらもない晴々とした響きに、チェリビダッケ晩年の澄み切った心境を思った。

チェリビダッケがベルリン・フィルとの再会を果たしたのは東西ドイツが統一された後の１９９２年3月31日（と4月1日）、首都に返り咲いたベルリンのシャウシュピールハウス（現コンツェルトハウス）でリヒャルト・フォン・ヴァイツゼッカー大統領（当時＝1920〜2015）が主催した特別演奏会。ブルックナーの「交響曲第7番」を指揮した。「彼らは変わってしまった」と持ち前の毒舌を吐くことは忘れなかった。しかし、私が何人かの親しい楽員に聞いたところでは「入念なリハーサルの間、私たちは様々なテーマを話し合って旧交を心から温め、新たな関係を築くことができました。わずか4年後に亡くなられてしまいましたが、お元気なら、あと何度か振っていただきたかったです」。非常に有意義なセッションだったようだ。

昭和の大ピアニスト、園田高弘（1928〜2004）は4半世紀に及ぶ西ドイツ在住時代にチェリビダッケの指揮で何度か協奏曲のソロを務め、長く親交関係にあった。「私の履歴書」（「日本経済新聞」朝刊文化面）を聞き書きでまとめた時、園田は私に「演奏家の一生など、大海の水面に指を一本さすようなもの。その瞬間は波紋が生まれるけれど、亡くなってしまえば無に帰してしまう。それでも音楽を愛し、理解し、人々に伝えたいと願うから、あらゆる努力を惜しまない」というチェリビダッケの口癖を教えてくれた。実像は非常に謙虚だった。

vol. 20　エディタ・グルベローヴァ

©木之下晃アーカイヴス

エディタ・グルベローヴァEdita Gruberová（1946―2021）

　スロヴァキアの首都ブラティスラヴァ生まれ。最初は看護師志望だったが、15 歳でブラティスラヴァ音楽院に入学。ウィーンでルートヒルデ・ベッシュに師事した。1968 年 2 月 19 日、《セビリアの理髪師》（ロッシーニ）のロジーナ役でオペラデビュー。1970 年にウィーン国立歌劇場のメンバーとなり、オーストリアの市民権を取得。1977 年、《魔笛》（モーツァルト）の夜の女王役でメトロポリタン歌劇場に進出した。1992 年にはベルカント歌劇を集中的に録音する自主レーベル「ナイチンゲール」を設立した。

孤高、永遠の「ルチア」&「ツェルビネッタ」

ブラティスラヴァ生まれのエディタ・グルベローヴァは「スロヴァキアのウグイス」として頭角を現し、年輪を重ねるとともに「コロラトゥーラの女王」「ベルカントの女性教皇(Hohepriesterin)」……と評価をつり上げていった。振り出しはドイツ歌劇。1974年にヘルベルト・フォン・カラヤン(1908〜1989)指揮のモーツァルト《魔笛》の夜の女王役(ザルツブルク音楽祭)、1976年にカール・ベーム(1894〜1981)指揮のR・シュトラウス《ナクソス島のアリアドネ》のツェルビネッタ役(ウィーン国立歌劇場)を歌い、センセーショナルな成功を収めた。慎重にレパートリーを拡大しながら中欧系ハイ・ソプラノの最高峰を極め、73歳まで現役を続けた。

ツェルビネッタは最高の当たり役だった。インターネットで世界中の情報が瞬時に入る時代のはるか前の1980年、ウィーン国立歌劇場初のフルスケールの日本公演では指揮者のベーム、ドラマティック・ソプラノのビルギット・ニルソン(1918〜2005)、バリトンのヘルマン・プライ(1929〜1998)ら1960年代から日本の音楽ファン、とりわけレコード愛好者の間で聴き込まれてきたビッグネームに関心が集中した。当時の若手ソプラノだったグルベローヴァやカラン・アームストロング（1941〜2021）、メゾソプラノのアグネス・バルツァ（1941〜）らは「ノーマーク」状態に等しく、「蓋を開けてびっくり」的な衝撃が走った。中でもグルベローヴァのツェルビネッタは日本での名声を決定づけ、来日公演を2016年まで16回も続けた出発点となった。「日本デビュー20周年」の記念には再びウィーン国立歌劇場の来日に加わり、《ナクソス島のアリアドネ》のツェルビネッタをジュゼッペ・シノーポリ（1946〜2001）の指揮でいささかの衰えもなく完璧に歌った。本拠地ウィーンのシュターツオーパーでは2009年12月までの43年間、ツェルビネッタを歌い続けた。

同郷の先輩で、同じく夜の女王からスタートしたルチア・ポップ（1939〜1993）の場合はR・シュトラウスの《ばらの騎士》ならゾフィー役ではじめ、最後はマルシャリン（元帥夫人）に転じたが、あまり成功したとはいえず、むしろワーグナー《ローエングリン》のエルザ役とか、重い側に挑んだ方がうまくいった。それでも「アルプスの南側」（イタリア）のレパートリーには慎重な姿勢を取り続けた。これに対しグルベローヴァの奇跡は1978年、ウィーンでイタリアのベルカント歌劇を代表する傑作、ドニゼッティの《ランメルモールのルチア》の題名役を歌い大成功を収めた時点から本格化した。1988年にはフィレンツェのテアトロ・コムナーレ（現フィレンツェ5月＝マッジォ＝音楽祭劇場）がルチア役として招いた。

「私がイタリアで初めてイタリア語のオペラを歌った、大きな節目でした。しかも相手役のエドガルドはアルフレード・クラウス（1927〜1999）。ベルカント歌劇ではナンバーワンのテノールでしたから、とても感激したのを覚えています」と、グルベローヴァは私に語った。

「ドニゼッティは私のような声の持ち主のために書かれた作品と言え大好きな作曲家です」と言い切り、《シャモニーのリンダ》《マリア・ストゥアルダ》《アンナ・ボレーナ》《連隊の娘》《ルクレツィア・ボルジア》……とレパートリーを広げていった。中でも《ロベルト・デヴリュー》のエリザベッタ（英国女王エリザベスⅠ世）は「私の大好きな役」と言い、2019年3月27日、バイエルン州立歌劇場で行った舞台引退公演の演目にも選んだ。

私は1996年、勤務先だった日本経済新聞社の創刊120周年記念事業に「フィレンツェ歌劇場」初来日公演を提案して採用され、記者のままオペラの引っ越し公演実現に携わる幸運を授かった。元々はバブル経済末期、あるテレビの在京キー局が美術展やグルメ、ファッションなどを網羅したイベント「大フィレンツェ展」の一角に組み込まれていたが、バブル崩壊で暗礁に乗り上げた。演目は《ランメルモールのルチア》とヴェルディの《アイーダ》。当時の首席指揮者ズービン・メータ（1936〜）が日本でオペラを指揮するのも初めてだった。

大手マネジメント日本法人の幹部が私に「テレビ局が降りた以上、オペラ単独で招聘するリスクは取りたくありません」と漏らしたのと前後して、メータも旧知の日本舞台芸術振興会（ＮＢＳ）の佐々木忠次専務理事（当時＝１９３３〜２０１６）に「何とか、マッジォの日本ツアーを引き受けてくれませんか」と打診していた。社では１２０周年記念に決まりかけていた某日本人作曲家の新作オペラ初演が内部の反対で消え、早急に「代案」を見つける必要に迫られていた。三者の思惑が重なり合ってマッジォ日本公演はＮＢＳと日本経済新聞社が共催する形に落ち着いた。

ルチア役はグルベローヴァと、イタリア人コロラトゥーラの第一人者マリエッラ・デヴィーア（１９４８〜）のダブルキャストという豪華さだった。本来は「両雄？　並び立たず」のところ、佐々木専務理事がひねり出した「初日はデヴィーアが飾り、回数ではグルベローヴァを１回多くします」という〝大岡裁き〟で実現に至った。ネスレ日本法人のスイス人社長（当時）がグルベローヴァの大ファンで、今日では考えられない多額のスポンサー費用を出してくれた点でも「エディタ様様」だった。ところがグルベローヴァは「ゲネプロは無しにしましょう。ぶっつけ本番で大丈夫です」と言い張る。私がザルツブルク音楽祭でメータに会った折も「とにかく引っ張り出すよう、佐々木さんに伝えて！」と、厳しい顔で詰め寄られた。

結局、エディタは我を通した。彼女にとって初日の晩の指揮者楽屋でメータ、オブリガートを吹くフルート奏者の３人で簡単な打ち合わせをしただけで《狂乱の場》を完璧に歌い切った。

終演後の楽屋を訪ねるとメータが感極まり、「最高のルチアだった」と涙ぐんでいた。この時のスコットランドヒースを強調した美しい舞台の英国人演出家、グレアム・ヴィック（1953〜2021）も2021年、新型コロナウイルス感染症で亡くなった。すべては思い出の世界に消えていく。

最後はリートで締めくくる

素顔のグルベローヴァは色白でぽっちゃりのスロヴァキア美人だったが、決してソフトなキャラクターではなかった。最初の夫は自殺、次の夫だったオーストリアのピアニストで指揮者フリードリヒ・ハイダー（1961〜）とも別れた。ウィーンからチューリヒに拠点を移したのは芸術上の理由ではなく「オーストリアの所得税が高過ぎるから」だ。賢さはレパートリーの選択にも現れた。2003年にベッリーニの《ノルマ》題名役を歌うと決めた時も「同じ作曲家の《夢遊病の女》のアミーナは最終場面のコロラトゥーラのカヴァレッタ（アリア後半のテンポが速い部分）が象徴するように、若いソプラノの軽い役です。これに対しノルマ役はコロラトゥーラにしては低い音もあり、超絶技巧とは異なる声とドラマを求められます。私は今もルチアの最高音まで100％完璧に歌える自信がありますが、ノルマは低音域での感情表現への挑戦です」と声の状態、年季を積んだ歌手の次に進むべき道を冷静に見極めていた。最後にインタビューした２００８年時点では「また、新しい発声の技を見つけました。これで80歳代まで、現役を続けられます」と語ったが、実際にはやや問題含みの展開だった。《ノルマ》を境にどんどん重めの役を手がけたが、表現がドラマの深奥まで下りる瞬間は限られた。本来は不得意な低音をなるべく短めに切り上げようとする意識の反映なのか、フレーズの伸縮幅が極端に大きく広がり、イタリア語の歌詞が聴き取りにくくなった。フィレンツェ歌劇場の芸術監督、チェーザレ・マッツォーニス（当時＝１９３６〜）もある時期から「エディタのイタリア語歌唱はもはや、アルプスの南では通用しない」と、公言して憚《はばか》らなかった。

ルチア・ポップが歳を重ねるごとに深めたリート（ドイツ語歌曲）の分野でも、先輩ほどの名声をなかなか得られなかった。ところが２０１９年12月20日、ドイツ・バイエルン州アウグスブルク市ゲルストホーフェン地区公会堂で行った生涯最後の演奏会はオペラではなく、リートだった。そして２０２０年９月、正式に引退を表明した。

何度目かの取材の折、「皆さん、私にコメディーの才能が無いと思っていらっしゃるし、自分でも多少は『そうかな』と感じていたのですが、《こうもり》（J・シュトラウスⅡ世のオペレッタ）のアデーレ役を思う存分に歌ってみたら意外に楽しくて。『エディタは人を笑わせることもできる』と批評に書かれ、嬉しかったです」と漏らしたこともある。来日コンサートでもバーンスタイン《キャンディード》のクネゴンデのアリア《着飾って華やかに》や、オッフェンバック《ホフマン物語》のオランピアのアリア《森の小鳥は憧れを歌う》など、コミカルな作品で満場の爆笑を誘っていた。

十六度も来日したのに地震が大嫌い、ホテル住まいを好まず、東京ではアサヒビールの平屋建てゲストハウスに、大のオペラファン、後に新国立劇場運営財団理事長を務めた樋口廣太郎会長（当時＝1926〜2012）の好意で滞在していた。「氷の微笑」の外面に隠された素顔は案外、アデーレや《ドン・ジョヴァンニ》（モーツァルト）のツェルリーナ、あるいはドニゼッティでも絶対に歌わなかった《愛の妙薬》のアディーナのように「したたかで素朴とは言い難いにしても、地金は正直な田舎娘」だったのかもしれない。

2021年10月18日の突然の死をめぐっては諸説が飛び交い、真相はよくわからない。「チューリヒの自宅で、水を抜いたプールの中で倒れていた」といい、何らかの発作で転び、硬い底で頭を打ったのではないかとも推測されるが、詳しい状況は伝わってこなかった。現役の最後の最後に「不得意」と言われ続けたリートで成果を残したあっぱれさも含め、グルベローヴァなりに満ち足りた人生だったはずだと、心から思いたい。

vol. 21　ラファエル・フリューベック・デ・ブルゴス

©木之下晃アーカイヴス

ラファエル・フリューベック・デ・ブルゴス Rafael Frühbeck de Burgos（1933—2014）

スペイン・ブルゴス出身。ビルバオとマドリードの音楽院、ミュンヘン音楽大学で学ぶ。ベルリン放送交響楽団、ベルリン・ドイツ・オペラ、ウィーン交響楽団、モントリオール交響楽団、スペイン国立管弦楽団など、世界各地でシェフを務める。1980 年から読売日本交響楽団の常任指揮者（後に首席客演指揮者、名誉指揮者）を務めた。2014 年 6 月 4 日、「私はがんに侵され、主治医と協議の結果、今後の一切の指揮活動を中止するべきとの結論に達しました」と引退を表明、1 週間後に亡くなった。

ブラームスを愛し、愛された「スペインのドイツ人」

1990年9月20日夜。早稲田大学音楽同攻会の先輩でもあった同じ日本経済新聞社のウィーン支局長が経済講演会の仕事を急用で降り、代役講師の依頼が舞い込んだ。さらに思いがけないオマケとしてウィーン交響楽団の創立90周年記念演奏会、かつて首席指揮者を務めたカルロ・マリア・ジュリーニ（1914〜2005）が指揮するベートーヴェン「交響曲第9番《合唱付》」をウィーン楽友協会（ムジークフェライン）大ホールで聴く幸運を授かった。「おお、友よ！」と切り出すバリトンの独唱に当時25歳で無名の新人、ブリン・ターフェル（1965〜）がモンテヴェルディ合唱団から抜擢され、鮮やかなデビューを飾ったことでも話題の公演だった。

今もって自分にとってベストの《第九》終演後、ホテル・ザッハーの地下にあった和食レストラン「三越」を訪れた。一人席に案内されて隣のテーブルに目をやると、指揮者のラファエル・フリューベック・デ・ブルゴスが同じく一人で、日本酒の熱燗《あつかん》を楽しんでいた。

「マエストロ・フリューベックですよね。あなたが読売日本交響楽団の常任指揮者に就かれた1980年秋、私は急激な就職先の変更を余儀なくされ失意の中にいました。その時たまたま聴いたブラームスの《ドイツ・レクイエム》（11月8日の読響第169回定期演奏会＝東京文化会館大ホール）に心の底から慰められ、将来への希望を取り戻したのです。以来、マエストロの指揮するブラームスが大好きになりました」。前後して神奈川県民ホールで聴いたアンドレ・ワッツ（1946〜）独奏の「ピアノ協奏曲第2番」も素晴らしい演奏、フリューベックが指揮するブラームスには良い思い出がたくさんある。

「おお、嬉しい話をしてくれましたね。今夜はジュリーニ先生と食事の約束をしていたのですが、微熱があるとかでキャンセル。ふと日本を思い出し、和食を食べたくなったのです。これも何かのご縁、今晩は一緒に飲みましょう！」と言うと、フリューベックは徳利から熱燗を私の盃に注いでくれた。楽しい話は尽きず、《第九》に続く二つ目の幸運に感謝した。

チャーミングなマエストロは最後に、こう打ち明けた。「私はドイツとスペイン、二つのアイデンティティー（父がドイツ人、母がドイツ系スペイン人）を持ち、コスモポリタンを自任してきました。常任指揮者を引き受けた国の言葉は『すべてマスターできる』と自惚《うぬぼ》れていたのですが、日本語だけはダメでした。日本の皆さんに『ごめんなさい』と、お伝えください」。後日、この件をロシア人マエストロのヴラディーミル・フェドセーエフ（1932〜）に話したら「それは、フリューベックさんの努力不足です。私が日本で常任ポストを得たら、日本語もマスターしてみせます」と啖呵《たんか》を切ったが、成果を検証する機会はいまだ、訪れていない。

日本語ができる、できないにかかわらず、フリューベックは日本の聴衆から愛され続けた。1992〜1997年にはベルリン・ドイツ・オペラ（DOB）音楽総監督（GMD）を務め、1993年の日本ツアーではワーグナーの「楽劇《ニュルンベルクのマイスタージンガー》」を指揮した。フリューベックは演奏次第ではコテコテのドイツ賛歌に響きかねないスコアを実に柔らかく、明るめの音色で再現した。私が「ちょっと明る過ぎませんか？」と演出家でDOB総裁のゲッツ・フリードリヒ（1930〜2000）に感想を漏らすと、「この作品にはコメディーの要素もあり、フリューベックさんの指揮はその辺を巧みに引き出していると思いますよ」と諭された。

ツアー中にサントリーホールで指揮したベートーヴェンの《第九》も、明るく晴れ晴れとした演奏だった。開演前、「戦前のドイツで学んだ」と名乗る老紳士が高級スーツを着て受付に現れ「留学中、こんな名前のオーケストラは存在しなかった」と、クレームをつけた。そばにいた私が「昨年までドイツで働いておりましたが、DOBはれっきとしたオペラハウスです。おられた時期は恐らくベルリン市立歌劇場、あるいはその前身のクロールオペラという名前でした。ベルリンの東西分断後の1963年、DOBとして再出発しました」と告げると、いささか憮然とした表情で「そうか、それならいい」とだけ言い残し、立ち去った。オーケストラの名称だけでなく、「スペイン人の指揮者」にも引っかかりを覚えていたようだ。

読響との共演は通算169回に

２０１７年３月には同じくワーグナー、《さまよえるオランダ人》のフリードリヒ新演出の初演をＤＯＢで指揮した。翌年1月の日本ツアーでも上演が予定され、名義主催の新聞社が他社から私の勤務先へと移った関係で、プロモーションの準備を兼ねて現地で鑑賞した。《マイスタージンガー》に先立つこと25年、１８４２年に完成し、ワーグナーの主要オペラの中で最も短い2時間10分の物語は今日、休憩を入れず一気に上演するのが主流だ。フリューベックはここでも流麗な指揮ぶりで、おどろおどろしい「オランダ人伝説」の神話性より、作曲者29歳の瑞々しい音楽が前面に出た。２０１７年9月のフリューベック退任を受け、日本公演は後任ＧＭＤで１９９３年日本ツアーの《ローエングリン》（ワーグナー）も担当したクリスティアン・ティーレマン（１９５９〜）が指揮。同じ演出ながら、音楽は極端なルフトパウゼ（間）をはさみ、テンポを大きく揺らす〝俺様〟流の管弦楽に塗り固められ、唖然とした。

確かに、日本人好みの重厚長大なドイツ音楽のサウンドではなかったかもしれない。だが、スペインでヴァイオリンを学び、ミュンヘン音楽大学指揮科を卒業したフリューベックがオーケストラから引き出す響きには南ドイツからオーストリアにかけての柔らかな感触、スペインの光彩に富む色彩が程よくブレンドされ、貴重な個性を醸し出していた。1978年11月にNHKが企画したロンドンのフィルハーモニア管弦楽団日本公演に同行した際も、ブラームスの「交響曲第2番」から美しく、味わい深いサウンドを引き出した。FM生中継の解説に招かれた作曲家、團伊玖磨（1924〜2001）がアナウンサーに感想を求められ「いかにもイギリスのオーケストラらしい音ですね」と微妙な言葉を漏らした背景にも、ブラームス一般に対して当時の日本人が抱いていたイメージと異なる音色、フレージングへの当惑があったのではないか。

もちろんスペイン音楽の演奏解釈では、異論や当惑をさしはさむ余地がなかった。1966〜1967年にニュー・フィルハーモニア管弦楽団（現フィルハーモニア管弦楽団）を指揮、デ・ファリャの「バレエ音楽《恋は魔術師》」（メゾソプラノはナティ・ミストラル＝1928〜2017）とグラナドスの「歌劇《ゴイェスカス》間奏曲」、自身が編曲したアルベニスの《スペイン組曲》」を収めた一枚（デッカ）や1968年にスペイン国立管弦楽団、ヴィクトリア・デ・ロス・アンヘレス（ソプラノ＝1923〜2005）らと録音したデ・ファリャの「歌劇《はかなき人生》」、1969〜1970年にパリ・オペラ座で制作したスペインが舞台のフランス歌劇、ビゼーの《カルメン》といった全曲盤（いずれもEMI→ワーナーミュージック）は半世紀以上経た現在も、名盤とされる。読響でもカスタネットの名手ルセロ・テナ

（1938〜）を招き、《はかなき人生》の演奏会形式上演を二度指揮している。アンコールではヘロニモ・ヒメネス（1854〜1923）のサルスエラ（スペインのオペレッタ）《ルイス・アロンソの結婚》の間奏曲が、フリューベックの十八番だった。

読響とは1974年に初めて共演。その累計は2012年12月1日の東京芸術劇場コンサートホール、第149回「芸劇マチネーシリーズ」までに169回を数えた。ヨーロッパでも「私の日本のパートナー、読響は素晴らしいオーケストラなのだよ」と、広報役を自任していた。最後の共演は前半冒頭に自作の《ブラームス・ファンファーレ》を置き、ブラームスの《悲歌》《運命の女神の歌》《運命の歌》と続けた。後半は《運命》の愛称を持つベートーヴェンの「交響曲第5番」という意味深長なプログラム。最後までブラームスを愛し、ブラームスに愛されたマエストロの運命にふさわしい告別だった。

vol. 22　アルド・チッコリーニ

©木之下晃アーカイヴス

アルド・チッコリーニ Aldo Ciccolini（1925—2015）

ナポリ生まれ。４歳からピアノを学びナポリ音楽院へ入学。1940年にピアノ科、1943年に作曲科でそれぞれ第１位を得て修了。22歳の若さで同音楽院ピアノ科教授に就任した。1941年にナポリのサン・カルロ劇場でデビュー。1949年のロン＝ティボー国際音楽コンクール優勝を機にパリ在住、1969年にフランス国籍を取得し、パリ国立高等音楽院の教授を長く務めた。門下生には海老彰子、ジャン＝イヴ・ティボーテ、アルトゥール・ピサロらがいる。

「望郷の念」を歌い上げて日本に別れを告げた「パリのイタリア人」

イタリアのナポリに生まれたピアニスト、アルド・チッコリーニは1949年にロン＝ティボー国際音楽コンクールに優勝して以来パリに住み、1969年にはフランス国籍を取得した。以後1971〜1988年の長きにわたり、パリ国立高等音楽院のピアノ科教授の重責を担った。ロン＝ティボーのピアノ部門審査員長、審査員も務め、1999年には「フランス在住50周年記念リサイタル」を開くなど、軽妙洒脱な演奏スタイルと相まって、誰もが「パリのイタリア人」の先の先、「20世紀後半のフランスを代表するピアニスト」だと考えていた。

1950年4月28日、パリで録音したスカルラッティ「ソナタ集」を皮切りに「パテ・マルコニ（フランスEMI→ワーナーミュージック）」の看板アーティストとなり、ラモー、クープランやフォーレ、フランク、アーン、セヴラック、ダンディ、シャブリエ、サン＝サーンス、サティ、ドビュッシー、ラヴェル、プーランクのフランス音楽はもちろん、J・S・バッハからモーツァルト、ベートーヴェン、シューベルト、シューマン、ブラームスに至るドイツ音楽、デ・ファリャやモンポー、アルベニスのスペイン音楽、チャイコフスキーやムソルグスキー、ラフマニノフ、ストラヴィンスキー、プロコフィエフ、カバレフスキーのロシア音楽、ショパンやリスト、ロッシーニ、グリーグに及ぶ膨大なカタログを1991年までに完成した。

とりわけ1956年3月、当時はまだ評価の定まらなかったエリック・サティ（1866〜1925）の「ピアノ曲選集」をモノラルで録音し、さらに1963〜1970年と1983〜1986年の二度にわたり、ステレオ録音の全集をリリースするなど、世界規模の「サティ再発見」の火付け役を担った。20世紀中葉を代表するフランスの巨匠指揮者、ジャン・マルティノン（1910〜1976）は1973〜1974年にフランス国立放送管弦楽団（フランス国立管弦楽団の前身）とドビュッシー、1974年にパリ管弦楽団とラヴェルのそれぞれ「管弦楽全集」をフランスEMIに録音したが、前者の「ピアノと管弦楽のための幻想曲」、後者の「ピアノ協奏曲」「左手のためのピアノ協奏曲」のソロは一貫してチッコリーニに委ねられている。どれもマルティノンともども「やり過ぎない」節度と品格を保ち、聴く人によっては物足りないかもしれないが、作品の真価を曇りなく再現した「規範」の名に値する名演奏だ。

晩年の日本公演を仕切っていたのが私の友人という縁から、インタビューやディナーなどを通じ、何度かチッコリーニと身近に接する機会を得た。ステージでは立派なマエストロなのに、素顔は「お茶目」な〝おじいちゃん〟（ごめんなさい！）。肝心なことはすべて「ピエールに聞いてくれ」と、マネジャーに任せきりだった。

何度目かのインタビューの折、チッコリーニは「人間の声や弦楽器と違い、音と音の間に切れ目のあるピアノは人工の楽器。ピアニストは生涯かけて微分音をつなぎ、レガート（滑らかに歌わせる状態）の幻想を究めなければなりません」と強調した。自身が重視するレガート奏法の源流はスカルラッティ、パイジェッロ、メルカダンテら「ナポリ楽派」の鍵盤奏法にあるが、チッコリーニの偉大さは「作曲家と聴衆の間の司祭」あるいは「（天からの）弾け！」との命令に忠実な一兵卒」に徹し、カンタービレの流麗さを失わないまま、内面の芸術性を深めてきた点にあるだろう。「形而上のベルカント」とも呼ぶべき円熟の在り方自体が、この世で最も美しい「矛盾」のように思えた。すでに名声に包まれ、コンクール審査の常連でもあったが「審査をし過ぎると、自分の演奏まで『ミスをしないように』と減点法でとらえ、つまらなくなってしまうから要注意です」と言い、現役演奏家であることにこだわった。

若者よ、酒場でピアノを弾け！

一時は飛行機嫌いとされ、予定していた来日を何度かキャンセルしたが、21世紀に入って「日本びいき」に豹変《ひょうへん》した。9年ぶりに東京へ現れた2003年、すみだトリフォニーホールで昼夜2公演のリサイタルを開き、そのライヴ盤（カメラータ・トウキョウ）が発売されると一気に再評価が進んだ。2005、2008、2010、2011、2014年と来日を重ね、

「来年は90歳記念リサイタルで戻ってくるよ」と語っていたが、2015年2月1日、89歳で亡くなった。トリフォニーホールを本拠とする新日本フィルハーモニー交響楽団とも頻繁に共演、ベートーヴェンやシューマン、ラフマニノフなどの「ピアノ協奏曲」で、高齢を全く意識させない瑞々しい演奏を披露した。ある日、抜群の聴覚と毒舌で恐れられている某プロデューサーを誘ったら、珍しく聴き惚れ「この年齢でも本当に良く練習している」と感心していた。

2014年6月16日、東京芸術劇場コンサートホール。日本で最後のリサイタルの本編最後の曲目は意味深長だった。ユダヤ系イタリア人のマリオ・カステルヌオーヴォ＝テデスコ（1895〜1968）が作曲した《ピエディグロッタ1924ナポリ狂詩曲》。ピエディグロッタはナポリの一角にある地区で、そこで開かれるフェスティヴァルは19世紀末から20世紀後半にかけて最盛期を迎え、ナポリ歌謡祭と連動しながらナポリターナの名曲を数多く生んだ。

チッコリーニは小市民的な描写音楽と見なされがちなカステルヌオーヴォ＝テデスコ作品に熱い共感とラテンの血潮を吹き込み、たいそう感動的な演奏に仕上げた。フランス国籍を取得し、生粋のフランス人以上にフランス的と目されていた巨匠が最後に明かした激しい望郷の念。それは大きな驚きであり、今も目と耳に強く焼き付く音楽体験といえる。

デビューは1941年のナポリ・サン・カルロ劇場。「若く希望に燃えたピアニストとして『さあ、これから！』と意気込んだ矢先に戦争が始まり、私は将来への不安とともにボロボロ、暗黒の青春時代を過ごしました。いついかなる場面においても、戦争だけは絶対にあってはなりません」。高齢ゆえに声もしわがれていたのだが、戦争を激しく糾弾する場面では声も身振り手振りも、びっくりするほど大きくなった。

「戦後はパリでコンクールに優勝したにもかかわらず、仕事の場は一向に広がらず、ナイトクラブでピアノを弾き、生活を維持していました。クラブのお客さんの目当ては酒か女性で、ピアノを聴きに来る人なんていやしません。でも中には『今日のピアニストは腕がいい』と声をかけてくださり、実際の演奏機会まで作ってくださった方がいらしたのです」。

アメリカ・デビューも、クラブを訪れた米国人の計らいで実現した。ここからが、「おじいちゃん」の面目躍如。「今の若いピアニストも自分の演奏がどれほどの説得力を持っているのか思い知るために一定期間、酒場で弾いたらいい」と言い放ち、ニタリと笑った。パリ音楽院教授、ロン＝ティボー審査委員長のこれが公式見解。すごく、チャーミングな人だった。

vol. 23　朝比奈隆

©木之下晃アーカイヴス

朝比奈隆 Takashi Asahina（1908—2001）

東京生まれ。京都帝国大学法学部卒。阪急電鉄に勤務。京都帝国大学文学部に学士入学。オーケストラ部を指導していたエマヌエル・メッテルに指揮を師事。オーケストラではヴィオラとヴァイオリンを演奏した。1940 年、新交響楽団でデビュー。第二次世界大戦末期は満州（現在の中国東北部）で活動。1947 年、関西交響楽団（現大阪フィル）を設立。亡くなるまで 54 年間、大阪フィル音楽総監督の地位にあった。ブルックナーのスペシャリストとしても高く評価された。1994 年、文化勲章。

「明治人の教養」を体現した巨木のようなマエストロの〝人くささ〟

２０２１年のＮＨＫ大河ドラマは「青天を衝け」。農民から武士、起業家、篤志家へ、明治維新の時代にダイナミックな人生を全うした渋沢栄一（１８４０〜１９３１）の物語を観ながら、私は同年12月2日で没後20年を迎えた大指揮者、１９０８（明治41）年生まれの朝比奈隆を唐突に思い出した。

入社3年目の駆け出し記者だった１９８３年、化学製品の企業取材担当に移り、日本合成ゴム（現ＪＳＲ）の勝本信之助会長（当時＝１９１２〜１９８７）と知り合った。流通系企業の内定をもらい、研修に参加した後の大学卒業寸前に心ならずも祖父、父と同じ職業＝記者への路線変更を強いられ、日本経済新聞社という場違いな職場で浮きまくっていた私を「将来、大記者になる素質がある」と根拠なく持ち上げ、励ましてくださった勝本さんへの恩は、今も忘れない。

若い記者の趣味が音楽だと知ると、勝本さんはご自身が官立7年制だった旧制東京高校（現在は東京大学の一部）の卒業で、4年先輩の朝比奈を「文武両道の達人」として、深く尊敬していると打ち明けた。朝比奈は友人と弦楽四重奏に興じるなど音楽に傾倒しつつサッカーにも熱中、フルバックとして全国大会へ二度出場した。元は大正時代のリベラルな空気を存分に謳歌した東京人。同級生には清水幾太郎（社会学者＝1907〜1988）、宮城音弥（心理学者＝1908〜2005）、平井富三郎（商工官僚・元日本サッカー協会会長＝1906〜2003）、日向方齊（元関西経済連合会会長＝1906〜1993）らがいた。朝比奈の最晩年、東京都交響楽団（都響）の依頼で大阪に赴き、最初で最後のロング・インタビューに臨んだ時も東京高校の話が出て、「長く大阪フィルハーモニー交響楽団（大フィル）を率い、神戸に居を構え、墓所も関西にしつらえましたが、私の関西弁は今なお、どこかおかしいのです」と語っていた。

満州（中国東北部）から引き揚げ、1947年に設立した大フィルの前身である関西交響楽団と関西歌劇団の育成に全身全霊を傾けるようになって以降、東京との縁は次第に薄らいでいく。『朝比奈隆　すべては「交響楽」のために』（春秋社）の著者、岩野裕一さん（1964〜）の話によれば、「黎明期には一人で年間250回、大フィルを指揮していた」。

「上方《かみがた》楽壇のドン」の起源は1928年、京都帝国大学（現在の京都大学）法学部への入学だろう。法律家を目指したわけではなく、ロシア革命と前後して満州へ亡命、さらに日本に移ったユダヤ系ウクライナ人指揮者のエマヌエル・メッテル（1878〜1941）が「お目当て」だった。メッテルは京都帝大音楽部のオーケストラ（現在の京都大学交響楽団）を拠点とし、妻でバレエダンサーのエレナ・オソフスカヤ（１８８０〜１９６４）は宝塚音楽学校で教えていた。メッテルの薫陶を受けた中には、後年「日本のポップス王」となる服部良一（１９０７〜１９９３）もいて１９７４年、朝比奈と大フィルのために《おおさかカンタータ》を作曲した。ちなみに良一の息子は克久（作曲家＝１９３６〜２０２０）、良次（俳優＝１９４４〜）、孫は隆之（作曲家＝１９６５〜）、有吉（ダンサー＝１９８０〜）、曾孫は百音《もね》（ヴァイオリニスト＝１９９９〜）で、日本有数の芸術家ファミリーを築いている。

朝比奈は１９３１年に京都帝大を卒業、鉄道省勤務の実兄の紹介で阪神急行電鉄（現在の阪急電鉄）に入社して電車の運転士、車掌、百貨店の店員などの実務を研修するが音楽への情熱は衰えず、弦楽四重奏団の一員としてＪＯＢＫ（ＮＨＫ大阪放送局）ラジオにも出演。２年余りで阪急を辞めて京都帝大文学部哲学科に学士入学、中世の音楽史を研究した。１９３６年頃から指揮活動を始め、１９３４年に講師の職を得た大阪音楽学校（現在の大阪音楽大学）では１９３７年に教授へ昇任、戦後も同ポストにとどまった。１９４３年以降、中国大陸にしばしば往復して指揮、１９４５年５月に一家で満州へ移住したが８月に終戦を迎え、日本へ帰国できたのは１９４６年秋だった。朝比奈は生前、「弟子はいない」と公言していたが、満州時代に知り合い、帰国の手助けもした韓国の名指揮者イム・ウォンシク（林元植＝１９１９〜２００２）のことだけは「弟子のように」思っていた。満州国当時の音楽人模様は岩野さんの著書、

『王道楽土の交響楽―満洲―知られざる音楽史』（音楽之友社、1999年）に詳しい。

ブルックナーのマエストロに

敗戦後は長らく関西響→大フィルの「親方」に徹していた朝比奈に転機が訪れたのは、1973年。大阪フィル東京公演のブルックナー「交響曲第5番」が大成功を収めたのがきっかけだ。一気に「ブルックナー指揮者」の名声を得た朝比奈の周囲には音楽評論家・合唱指揮者の宇野功芳さん（1930〜2016）、ライヴハウス「渋谷ジァン・ジァン」経営者の高嶋進さん（1932〜）ら熱狂的な支持者が集まり、1975年には作曲者ゆかりのオーストリア・リンツ近郊、ザンクトフローリアン教会で「交響曲第7番」の演奏が実現した。1978年には大フィル初（もちろん日本のオーケストラでも初）の「ブルックナー交響曲全集」（LP盤）を「ジァン・ジァン」レーベルからリリースした。

当時、大阪創業の梶本音楽事務所（現KAJIMOTO）の若い社員だった平佐素雄さん（1949〜＝現ヒラサ・オフィス社長）は「それでもまだ『大阪のローカル指揮者』のイメージが抜けず、東京のオーケストラに招かれる機会の限られていた状況を何とか打開しようと、梶本のリスク負担で大がかりな賭けに出ました」と振り返る。1980年5月から10月にかけて文京区の東京カテドラル聖マリア大聖堂を借り、日本フィルハーモニー交響楽団（第4番）、新日本フィルハーモニー交響楽団（第9番）、東京交響楽団（第7番）、都響（第5番）の在京4楽団と大フィル（第8番）を総動員したブルックナーの交響曲連続演奏会。日本ビクター（現ビクターエンタテインメント）が制作したライヴ盤ともども圧倒的な成功を収め、朝比奈晩年の「全国区」人気の嚆矢《こうし》となった。

私が初めて朝比奈の実演を聴いたのは同じ時期の1978年5月5日、東京文化会館大ホールの都響特別演奏会だった。メインはやはり、ブルックナーの「第7番」。前半は海野義雄（1936〜）が独奏したモーツァルトの「ヴァイオリン協奏曲第5番《トルコ風》」で、二人の名前の漢字が縦書きで大きく並んだ豪快なチラシのデザインを覚えている。ブルックナーの半ば辺りから全体の音程が甘くなり、都響ソロ・コンサートマスターの小林健次（1933〜2021）が再チューニングを提案したが、朝比奈は頑として拒む。協奏曲の伴奏もおおらかで「細かいこと、ガタガタいうな」の風情に、もと江戸前の「がんこ親父」のDNAが顔を出した。

当時の日本では初夏から初秋の時期、白いタキシード・ジャケットを着て演奏する指揮者、オーケストラが今よりも多かった。アメリカ留学の指揮者第1号、ニューヨークのジュリアード音楽院で学んだ渡邉暁雄（1919〜1990）が持ち帰ったスタイルと見られ、見栄えも良かったので朝比奈も好んで着ていた。ご本人はオシャレのつもりだったのだろうが、生意気盛りの高校生の目には「ケンタッキー・フライドチキン」の創業者で、日本の店頭にも等身大のフィギュアが飾ってあるカーネル・サンダース（1880〜1990）にしか見えなかった。

燕尾服姿の方が格段にカッコ良く、ベートーヴェンを演奏する時は「ドイツ連邦共和国功労勲章大功労十字章」、ブルックナーを演奏する時は「オーストリア共和国1等科学芸術名誉十字章」のそれぞれ略綬をつけて指揮台に上がっていた。サントリーホールで演奏する際は常宿のホテルオークラで着替え、そのままホールまで歩いた。ある日、オークラのレストランで奥様とランチを楽しむマエストロを目撃した。おもむろに立ち上がり、バーカウンターへ向かう。「もっと強い酒はないですか？」。今も語り継がれる酒豪伝説の一端を目撃した。

朝比奈は生涯に二度、大震災を経験した。1923年9月1日の関東大震災は東京で、1995年1月17日の阪神・淡路大震災は神戸で。後者の5日後には東京芸術劇場で都響に客演、シューベルトの《未完成》と《ザ・グレート》、二つの交響曲を振る予定があった。朝比奈は86歳、誰もが上京は無理だろうと考えたが、9時間を費やして神戸を脱出、その足で東京へ向かった。この時のコンサートマスターは当時27歳の矢部達哉（1968〜）。朝比奈は若い名手の演奏を気に入り、翌年5月3日のサントリーホール、「朝比奈隆　ブラームスチクルスⅡ」の「ヴァイオリン協奏曲」のソリストに指名した。オーケストラは新日本フィル。4曲の交響曲と2曲のピアノ協奏曲の録音や映像は早々に発売され、再発売を繰り返したが、矢部との演奏は2022年3月、朝比奈の没後20年余りを経てようやく、フォンテックがCD化した。

「お蔵入り」の理由は、自己に厳しい矢部が「子どもっぽい演奏」と謙遜し、長く発売を許可しなかったからだった。フォンテックの「最後のお願い」を受け「改めて聴いてみたら第1楽章の前奏の豊かで暖かく、壮麗な響きに魅せられてしまい、多くの人に聴かれるに値する演奏かもしれないと思えたのです」。心変わりの理由を打ち明けた矢部は「それにしてもどうして、一度もヨーロッパに留学したことのないマエストロがここまで堂々、中欧正統派のブラームスの響きを生み出せたのでしょうか？　奇跡だと思います」と続けた。

晩年はNHK交響楽団とも関係を深めた。とりわけ1997年3月6日、NHKホールで指揮したブルックナー「交響曲第8番」は両者の共演の頂点を極め、ライヴ盤（フォンテック）は長く高い評価を得てきた。当日の面白いエピソードは本番直前、N響の役員たちがいつにも増して緊張していたこと。「88歳の朝比奈先生だけでも『転ばれたりしたら大変だ』と最大限の注意を払うのですが、今夜は実のお姉様が車椅子で来られ、舞台袖で演奏を聴かれるというので〝厳戒態勢〟です」と、原武副理事長（当時）が打ち明けた。90歳を超えた姉も矍鑠《かくしゃく》、朝比奈は幼い時に養子に出されたので「可愛《かわい》い弟」のままらしく、堂々としたブルックナーがホールに鳴り響いた直後の袖で「ちゃんと寝ているかい」「風邪をひいたらダメだよ」と気遣い、周囲を唖然とさせた。

戦後育ちの指揮者に比べればバトンテクニック（タクトさばき）は大雑把だったし、加齢とともにオーケストラに合わせて動く〝当て振り〟の瞬間が増えたのも事実だが、「立って指揮できなくなったら引退します」と公言していた通りに生涯、リハーサルでも本番でも一度も座ることなく現役を全うした。最晩年は指揮台に立っているだけ、不器用に手を上下させるだけで、とてつもなくスケールの大きい音楽が生まれた。うわべのテクニックではなく指揮者の人間性、内面と一体になった教養の在り方を重視するドイツ語圏の楽団には1950年代から1990年代まで継続して招かれ、ベルリン・フィルハーモニー管弦楽団にも客演した。

87歳のUSAデビュー

最後の「明治人」の揺るぎない人格にひれ伏したのは、日本やドイツの楽員だけではなかった。シカゴ交響楽団のヘンリー・フォーゲル事務局長（当時）は滞日中たまたま朝比奈の指揮に触れ、CDを買いあさり帰国。1996年5月、ブルックナー「交響曲第5番」による87歳の米国デビューにつながる。朝比奈招聘を決めたフォーゲルはシカゴ響の名誉指揮者、ゲオルク・ショルティ（1912～1997）を訪ね「マエストロ、良くないお知らせがあります」

と告げた。「高齢のサー・ジョージ（ショルティのこと）が何か悪いことが起きたのかと顔を曇らせた瞬間、私はお知らせしました。『来シーズン、マエストロは最高齢の指揮者ではなくなりました。日本からアサヒナを招きます』と」。フォーゲルは決定直後の状況を面白おかしく、私に語った。同じ年の10月にはワーグナー「楽劇《ニュルンベルクのマイスタージンガー》第1幕への前奏曲」とブルックナー「交響曲第9番」で二度目の共演を果たした。

私との一期一会のインタビューはその翌年、サントリーホールの都響第457回定期演奏会Bシリーズ（1997年10月24日）でブルックナー「第7番」を共演するのに先立つものだった。都響の広報担当者とともに大阪へ赴き、中之島のリーガロイヤルホテルでマエストロの到着を待った。定刻通りに現れた朝比奈は秘書に紀伊國屋書店の手提げ袋（立ち読みで気に入った新刊を数冊購入したもの）を預け、サバサバと語り出した。

「日本のオーケストラを憐《あわれ》んだりは、絶対にしないでください。どこの楽団の事務局を訪ねても、日程の黒板（！）にはぎっしりと演奏スケジュールが書き込まれています」。

「私も大フィルを維持するため、何から何まで振りました。今だってベートーヴェン、ブルックナーだけというわけではなく、レパートリーは案外広いのですよ」と威勢がいい。

「ではマエストロ、私が『次はチャイコフスキーの《イタリア奇想曲》とか《白鳥の湖》組曲を振ってください』とお願いしたら、受けてくださいますか？」。

当時すでに神格化の極みにあり「一億総万歳」の栄光に包まれていた大指揮者に対し、またしても畏《おそれ》を知らない元経済記者のツッコミ質問が飛び出してしまった。朝比奈は一瞬「キョトン」とした後、「それだけは、勘弁してください。もう数え切れないほど振りましたからね」と返し、すごくチャーミングな満面で豪快に笑った。若輩者の完敗！　帰り際には預けた書籍を「おい、持って帰るぞ！」と告げるなど、記憶力は端から端まで鮮明だった。

１９６７年に民主音楽協会（民音）が創設した東京国際音楽コンクール〈指揮〉の審査員を第1回から務め、１９７６年の第4回から１９９４年の第10回までは初代の齋藤秀雄（１９０２〜１９７４）の後を受け、第2代審査委員長だった。日本のピリオド（作曲当時の仕様の）楽器のパイオニア、１９６３年に日本テレマン協会の前身を立ち上げた延原武春（１９４３〜）は日本に帰化した在日コリアンで、大阪音大の教え子だった。民音のコンクールを日本名ではなく本名で受験した時、朝比奈は延原の気骨を買い、大阪のインタビューでも「学生の演奏活動を禁止していた時代に未知の音楽のアンサンブルを立ち上げ、ここまでコツコツ積み上げてきたのは素晴らしい」と手放しで評価した。重厚長大の大フィルの真逆、軽薄短小のバロックで反旗を翻した結果、朝比奈への苦手意識が抜けなかった延原にこの言葉を伝えると「ホンマか？」と言い、涙ぐんだ。

朝比奈は21世紀の日本では死語となった「教養人」の風格を全身に漂わせ、堂々と揺るぎのない音楽を極め、最後は巨木が倒れるように亡くなった。

vol. 24　渡邉曉雄

©木之下晃アーカイヴス

渡邉曉雄 Akeo Watanabe（1919—1990）

東京生まれ。父はルーテル教会の牧師、母はフィンランド人声楽家で、兄の忠恕《ちゅうじょ》は共同通信社などで活躍した国際ジャーナリスト。東京音楽学校でヴァイオリンを専攻。1949 年、東京藝術大学に改組後の母校で助教授に就いた(後に教授)。門下生に岩城宏之、山本直純、小林研一郎、藤岡幸夫らがいる。1950 年、ジュリアード音楽院に留学。1956 年、日本フィル初代常任指揮者。京都市交響楽団、東京都交響楽団、広島交響楽団の音楽監督を歴任。日本シベリウス協会初代会長を務め、「クレルヴォ交響曲」の日本初演も指揮した。

「日本フィルの父」、世界に人脈を広げた外柔内剛のモダニスト

もし小学校低学年のころ、テレビで渡邉曉雄が指揮するシベリウスの「交響詩《フィンランディア》」と出合わなかったら、私はクラシック音楽と無縁の人生を送っていたかもしれない。後に母親がフィンランド人だったと知り納得する日本人離れした風貌の長身、アメリカ仕込みの白タキシード・ジャケット姿のマエストロは自分の周囲にいる「おじさん」たちと徹底的に異なる世界から突如として現れ、それまで見たことのない高貴な光を放っていた。

渡邉が1990年6月22日に亡くなった4日後の26日、札幌市の国際教育音楽祭「第1回パシフィック・ミュージック・フェスティヴァル（PMF）」に最後の力を振り絞って現れた創設者、指揮者で作曲家のレナード・バーンスタイン（1918〜1990）は開会式のスピーチで「我が友、アケオ・ワタナベ」の死を悼み、「間もなく私も彼のもとへ行くだろう」と漏らし、二重の意味——自身の死期への明確な見通しと、世界規模では格段に知名度が低い渡邉との長年の親交——で周囲をびっくりさせた。

東京音楽学校（現在の東京藝術大学音楽学部）でヴァイオリンを専攻、1943年に東京放送管弦楽団楽員としてプロのキャリアをスタートさせたが、敗戦の年、1945年に指揮へ転

向した。指揮法の基礎は戦争中も日本にとどまったユダヤ系ドイツ人指揮者、ヨーゼフ・ローゼンシュトック（1895～1985）に教わっていた。「おそらくは盟友の江藤俊哉さん（ヴァイオリニスト＝1927～2008）が1948年にアメリカへ留学、フィラデルフィアのカーティス音楽院に学ぶ日々の様子を父に伝えてきたのに刺激されたのでしょう」（長男でピアニスト・指揮者の渡邉康雄＝1949～）、渡邉は1950年、ヨーロッパではなくアメリカのジュリアード音楽院に留学した日本人指揮者第1号となった。

ジュリアードではメトロポリタン歌劇場のフランス歌劇担当に名を連ねていたフランス人指揮者のジャン・モレル（1903～1975）に師事。同時に作曲家のウィリアム・シューマン（1910～1992）、バーンスタインら若い世代の音楽家たちとも親交を結んだ。母の国フィンランドをはじめとする北欧の音楽だけでなく、フランス近代音楽や同時代の新作への強い関心はニューヨーク時代に培われた。帰国後はモダンな選曲でドイツ・オーストリア音楽一辺倒だった日本楽壇に新風を吹き込み、1956年に創設した日本フィルハーモニー交響楽団は「NHK交響楽団の対抗馬」と目された。

とりわけ1958年6月9日の第9回定期演奏会で渡邉が世界初演した矢代秋雄（1929～1976）の「交響曲」を第1作とする日本人作曲家への委嘱「日本フィル・シリーズ」は高く評価され、2019年の大島ミチル（1961～）作曲「Beyond the point of no return」までに42作を数える。１９５９年には米国時代に知り合った作曲家たちが共同出資、W・シューマンが社長を務めたＣＲＩ（コンポーザーズ・レコード社）と契約、１９６０年にかけてコープランド、バーバー、ロイ・ハリス、ホヴァネスら当時の新作15点をＬＰ盤７枚に録音し、渡邉と日本フィルの知名度が北米にも浸透した。

日本フィルは１９７２年まで文化放送、フジテレビの専属オーケストラだったため、渡邉はバーンスタインが「ヤング・ピープルズコンサート」の名称でメディアとタイアップ、音楽の普及番組を制作した手法を日本に導入する。文化放送の「東急ゴールデン・コンサート」、さらにはフジの音楽番組で渡邉は日本フィルを指揮し、ソフトな語りでも人気を獲得した。１９６１年にはテレビで評判を呼んだシューベルトの《未完成交響曲》の「第３楽章付き」を日本コロムビアが東京厚生年金会館でスタジオ録音、同社とオーケストラの共同制作による「日本フィル・ステレオ・ライブラリー」シリーズに発展する。そこで１９６２年に企画したシベリウス「交響曲全集」は史上初のステレオ録音であり、米ＣＢＳ（現ソニーミュージック）の「エピック」レーベルを通じ、世界で同時発売された。

シベリウスの伝道師

ドイツやフランスでは長く評価されなかったシベリウスをフィンランド国外で最初に受け入れたのは英国と、渡邉のいた日本だった。渡邉は1982年1月28日、福岡サンパレスホールで初めて日本を訪れたヘルシンキ・フィルハーモニー管弦楽団を指揮した。ゲネプロ（会場総練習）の開始直前、楽団長とコンサートマスターは「今日は素晴らしいマエストロとの非常に大切な演奏会です。気合を入れて臨みましょう」と楽員に呼びかけた。すでに指揮者への転身を決めていた首席クラリネット奏者、オスモ・ヴァンスカ（1953～＝現ミネソタ管弦楽団音楽監督・首席指揮者）は「どうしてもアケオ・ワタナベの母国日本で演奏したいと思い、ツアー終了まで楽団にとどまりました」と振り返る。

鳩山一郎元首相の五女に当たる渡邉の妻、信子さん（1924～2009）は「ふだん感想を言わない主人が終演後、『今日はうまくいった』と満足していました」と後年ライヴ盤が発売された時、インタビューで訪れた私に打ち明けた。演奏会から20年近くが過ぎていたが、信子夫人は「万事にのんびりしていた主人のこと、丁度いいタイミングですわ」と、涼しい顔でマエストロの意外な一面を伝えてくださった。「アメリカ留学中、カッコいいオートバイに試乗しようとエンジンをかけたら、車体だけ発進して本人が取り残されるなんていうこともありました」。

ヴァンスカがラハティ交響楽団音楽監督だった時期の2000年、「フィンランド最大級の木造建築」のふれ込みで新しい演奏会場のシベリウスホールが完成した。これを機に同響が「シベリウス・フェスティヴァル」を立ち上げた際、私はフィンランド政府の招きでラハティの街を訪れた。レセプションで「英国シベリウス協会会長」と名乗る人物から声をかけられ、「あなたの国のマエストロ、アケオ・ワタナベは7曲あるシベリウスの交響曲の中でも最も解釈が難しいとされる第6番のスペシャリストとして、英国のメジャー・オーケストラほぼすべてを制覇した偉人です」と告げられた。急に気になって、ラハティ響の事務局長に「渡邉さんが1986年、最後にラハティへ客演した際の曲目を調べてください」とお願いした。前半はハイドンの「交響曲第100番《軍隊》」と外山雄三の「管弦楽のための《ラプソディ》」、後半は予想した通り、シベリウスの「交響曲第6番」だった。

現在のようにインターネットや衛星中継で世界の音楽事情を瞬時に把握することができなかった時代、日本人音楽家の多くが欧米での活躍を実態以上に大きく記し、新聞社や出版社へ手紙を送るような傾向も「無きにしも非ず」だった。渡邉はその真逆で「能ある鷹は爪を隠す」に徹したため、欧米での活躍や人脈は息子たちでも「全貌を把握できない」という。

1963年にニューヨークでディミトリ・ミトロプーロス（1896〜1960＝ギリシャ出身の巨匠でニューヨーク・フィルハーモニック常任指揮者も務めた）記念国際指揮者コンクールが開かれた時、渡邉は審査員に招かれ、審査委員長のバーンスタインと旧交を温めた。結果は1位をクラウディオ・アバド（1933〜2014）とズデニェク・コシュラー（1928〜1995）が分け合い、2位がモーシェ・アツモン（1931〜）、3位が若杉弘（1935〜2009）だった。アバド以外の全員、渡邉が1972〜1978年に音楽監督・常任指揮者を務めた東京都交響楽団（都響）と深く関係するようになったのは偶然だろうか？　1969年には英国のリーズ国際音楽コンクールの審査員も務め、優勝したルーマニア人ピアニストのラドゥ・ルプー（1945〜2022）をいち早く都響のソリストに招いている。さらにいえば、デリック・クック（1919〜1976）編曲の「第10番完成版」日本初演を頂点とする交響曲の連続演奏で今日に続く「都響のマーラー」の基礎を築いた背後に、バーンスタインの影響は皆無だったのだろうか？

渡邉はヴァイオリニストとしても将来を嘱望されていただけに、とにかく耳が鋭く、音色や音程を厳しく整えた。京都市交響楽団や都響の常任ポストを終えて1978年4月、第301回定期でマーラーの「交響曲第2番《復活》」とともに日本フィルの音楽監督へ復帰した時、アンサンブルは1972年のスポンサー撤退に続く新日本フィルとの分裂〝事件〟からの回復途上で、全盛期の輝きを失っていた。１９８０年11月18日の第３２７回定期演奏会（東京文化会館大ホール）のゲネプロを訪ねると、渡邉はシューマンの「交響曲第3番《ライン》」を弾かせ、客席を一周して戻るなり、「皆様、何とお美しくない音なのでしょうか」と、あの低く良く通る声と上品な言い回しで楽員を震撼させた。「お前ら、汚い音だぞ」と言われるより、はるかにきつい。本番の演奏も「姿形」が端正でアーティキュレーション（音の分節法）が明確、柔らかなフレーズの積み重ねで自然に盛り上がり、音が消えた後の「間《ま》」に深い余韻が漂った。

１９８1年には「日本フィル（解散・分裂）事件」の闘争記録、今崎暁巳著『友よ！　未来をうたえ』（と続編＝労働旬報社）を原作にした自主制作映画『日本フィルハーモニー物語　炎の第五楽章』（神山征二郎監督）が風間杜夫（１９４９〜）、田中裕子（１９５５〜）と当時の若手スターの主演で完成、日本フィルを離れていた間も支援を惜しまなかった渡邉も本人の役で出演した（当時17歳の高橋克典はメガネで学生服、小太りの高校生として一瞬現れるが、デビュー作にはカウントされていない）。封切り当時、渡邉の演技？　を「おっとりしていて台詞回しも素人っぽい」と思ったが、後に知ったのは、渡邉のシーンがほぼアドリブ、普段そのままの立ち居振る舞いだったという事実。本当に、すべてを超越していた。映画はテレビ局が〝敵役〟だったためか、封切り時ですらあまり報道されず、１９８4年の争議和解後も地上波での放映が見送られた。ＢＳ（衛星放送）の「日本映画チャンネル」にかかり、ＤＶＤ化されたのは２０１０年代に入ってからだった。

広島交響楽団再建の切り札に

私が日本経済新聞社の広島支局勤務中の１９８４年、渡邉は広島交響楽団（広響）再建の切り札として音楽監督を引き受けた。「日本のクリーヴランド管弦楽団に育てたい」と語った最晩年の渡邉と、何度か言葉を交わす機会も授かった。子ども時代からの大ファンで、私がつい喋《しゃべ》り過ぎると、やんわり「ほかのお客様もいらっしゃいますから」と魅惑の低音、天使の微《ほほ》笑《えみ》でたしなめられた。広島でも日本人作品の紹介に力を入れ、市内出身の細川俊夫（１９５６〜）の作品をいち早くとり上げ、地場スーパーが抽選で顧客を招待した「ニューイヤー・コンサート」でもＪ・シュトラウス2世の「オペレッタ《こうもり》序曲」とチャイコフスキーの「交響曲第6番《悲愴》」の間に、中村紘子（１９４４〜２０１６）独奏のチャイコフスキーではなく矢代秋雄の「ピアノ協奏曲」を平然と並べた。

渡邉のもとで急速に力を蓄えつつあった広響のレヴューがどこにも載らないのが不満に思えて『音楽の友』誌に投稿すると、間もなく当時の編集長、堀内美也子さん（１９４０〜）から電話が入った。「あなたのご職業は?」「新聞記者です」「それなら、自分で書いてちょうだい」と、今日では信じられない問答の結果、現在まで続く「広島の演奏会から」の欄が新設され、私が初代の筆者を務めた。1986年の出来事、私の『音楽の友』デビューの陰にも渡邉が存在した。

1985年2月には、来日できなくなった名誉指揮者オトマール・スウィトナー（1922～2010）の代役でN響に初めて呼ばれ、定期4公演と「都民芸術フェスティヴァル」1公演を指揮した。かつてN響に君臨したドンが「対抗馬とはけしからん」と言い続けた結果の刷り込みで、最初のリハーサルは「針の筵《むしろ》」状態だったという。付き添った長男の康雄が振り返る。「父はフィンランド人独特の静かな粘り強さで同じ指示を丁寧な言葉で繰り返し言い続け、30分も経った頃でしょうか、コンサートマスターの徳永二男（1946～）さんが『このマエストロは本物だぞ。ちゃんと従おうよ』と切り出し、光景が一変しました」。

演奏会は大成功、N響は渡邉を代役ではなく、今度は正式に定期へ招こうとした。次男で同じくピアニストの規久雄（1950～）が証言する。「かなり体調が悪化していたこともあるのですが、父は『私に残された時間はすべて、日本フィルとともに過ごしたい』と言い、キッパリと申し出を断り、意地を見せました」。自ら予期した通り、1988年にがんとの闘病を公表し、1990年1月18～19日の日本フィル第417回定期（サントリーホール）で生涯最後の演奏を終えた。曲目はブルックナーの「交響曲第7番」。日本フィル事務局長も務めた旧知の音楽評論家、寺西春雄さん（1920〜2003）に「ブルックナーの世界がようやく見えるようになったよ」と言い、「交響曲を1曲ずつ取り上げたい」と、最後まで持ち前の未来志向を捨てなかった。

渡邉は争議解決のタイミングで「創立指揮者」の称号を与えられ、日本フィルの「父」であり続ける。2019年4月、日本フィルは首席指揮者ピエタリ・インキネン（1980〜）とヨーロッパ演奏旅行に出かけフィンランドで初めて演奏、私も同行した。ヘルシンキ公演には、渡邉の親戚に当たるフィンランド人が多数駆けつけた。インキネンの出身地コウヴォラ、さらにウィーン楽友協会（ムジークフェラライン）大ホール……と日を追うごと、シベリウスの「交響曲第2番」に深い魂が宿っていく。ピアノのソリストは中堅のジョナサン・ビス（1980〜）だったが、最終日のエジンバラと続く東京での凱旋定期はジョン・リル（1944〜＝1970年チャイコフスキー国際コンクール第1位）に替わった。リルが「若い頃、アケオ・ワタナベとBBC交響楽団の英国内ツアーを一緒しました」と言い出したので、ネットで検索すると確かに公演の記録が残っていた。本当に、どこまでも「自慢話」とは無縁のマエストロだった。

vol. 25　山田一雄

©木之下晃アーカイヴス

山田一雄 Kazuo Yamada（1912—1991）

　東京生まれ。本名は和雄。東京音楽学校（現在の東京藝術大学音楽学部）ピアノ科を首席で卒業。マーラーの弟子クラウス・プリングスハイムに師事。ヨーゼフ・ローゼンシュトックに指揮を学び、新交響楽団（現在のＮＨＫ交響楽団）の指揮者に。1949年、マーラーの「交響曲第８番《一千人の交響曲》」を日本初演。東京交響楽団、群馬交響楽団、京都市交響楽団、新星日本交響楽団などの音楽監督を歴任。神奈川フィル音楽監督に就任してわずか１か月あまりで死去した。作曲家としても多くの作品を残した。

指揮台の万年青年「ヤマカズ」、マーラー孫弟子の自負にかけて

1912（明治45&大正元）年は指揮者の当たり年。セルジュ・チェリビダッケ（1996年没）、ギュンター・ヴァント（2002年没）、ゲオルク・ショルティ（1997年没）、クルト・ザンデルリンク（2011年没）、エーリヒ・ラインスドルフ（1993年没）、イゴール・マルケヴィチ（1983年没）、フェルディナント・ライトナー（1996年没）、シャンドール・ヴェーグ（1997年没）らキラ星たちの列に、私たちの山田一雄が並ぶことは、日本人の誇りといえる。欧州でも日本でも第一次世界大戦が終わり、第二次世界大戦が勃発するまでのわずか20年余りの時期、ドイツの「ワイマール共和制」や日本の「大正デモクラシー」などの自由な空気を吸って少年時代を送り、様々な芸術文化を吸収して育った後、暗い時代の辛酸もなめた世代に当たる。

山田が亡くなった1991（平成3）年、私はまだフランクフルトで金融記者をしていたから、直接の取材をした経験はない。だがコンサート本番中、不思議な〝遭遇〟の記憶がある。

1980年2月13日、東京文化会館大ホールの「第11回都民のためのコンサート」に山田は新星日本交響楽団（2001年に東京フィルハーモニー交響楽団と合併）と出演した。前半が

日本人作品で高田三郎の「混声合唱組曲《ひたすらな道》」（合唱＝日本プロ合唱団連合）と伊福部昭の「管弦楽とマリンバのための《ラウダ・コンチェルタータ》」（マリンバ独奏＝安倍圭子＝1937〜）、後半がチャイコフスキー「交響曲第6番《悲愴》」という山田好みのプログラム。

当時の私は1階1列目中央、指揮者やコンサートマスターの真下の席で聴くのが大好きだった。ヤマカズさん（山田のニックネーム）の情熱的な動きは曲を追うごとに激しさを増し、伊福部作品の爆発を経て濃厚でロマンティックなチャイコフスキーになだれ込んだ。第3楽章の行進曲のピークにかけて両手両足のアクションは最高潮に達し、全身が回転を始める。

気がつけば、ヤマカズさんは完全に客席を向いて仁王立ち。運わるく？　目の合ってしまった私が仕方なく会釈をすると、マエストロは「うん」と頷いて定位置に戻り、何事もなかったかのように指揮を続けた。長い間、「誰も見ていない一瞬の出来事だった」と思い込んでいたのだが、2010年代も半ばを過ぎた頃、音楽評論家で政治学者の片山杜秀さん（1963〜）に当時の状況を説明すると「それ私、目撃していましたよ」と告げられ、びっくりした。類は友を呼ぶ？

小柄で美しい銀髪、メタルフレームのメガネの似合うジェントルマンだったのに、指揮台での所作は激烈を極めた。自著『指揮の技法』（音楽之友社）で激しい動きを戒めていたにもかかわらず、ヤマカズさん自身は髪を振り乱して暴れ回り、落としたメガネを踏みつけて壊したり、客席へ落下したりのエピソードに事欠かなかった。日本経済がバブルの絶頂にあった1988年にはポリグラムの日本法人（現ユニバーサルミュージック）が團伊玖磨（1924〜2001）「交響曲全集（第1〜6番）」をウィーン交響楽団とウィーンのコンツェルトハウスで録音する計画を立て、山田を指揮に起用した。最初の2曲を収録した時点でウィーン響から「人格識見とも大変に素晴らしいマエストロですが、いかんせん、棒がわかりにくい。もっと若い時点で、出会いたかったです。私たちにとって未知の作品であり、指揮者を変えていただけませんか」との申し出があり、第3〜6番《HIROSHIMA》は作曲者の自作自演に替わった。

作曲家の黛敏郎が企画と司会を兼ねた時代の音楽番組「題名のない音楽会」（テレビ朝日系）では、ベートーヴェンの「交響曲第5番《運命》」冒頭の「ダ・ダ・ダ・ダーン！」の録音を聴き比べ、誰の指揮かを当てる回があった。当時まだ、東京藝術大学音楽学部で指揮を教えていたヤマカズ先生、迷わず「これは絶対に（ヴィルヘルム）フルトヴェングラーです！」と断言したところ、実際はご自身の演奏だった。NHK教育テレビ（現Eテレ）が1990年12月24日に放映した「喝采！　指揮棒ひとすじ　山田一雄　指揮者生活50年」（現在はNHKエンタープライズのDVDで入手可能）では、部屋一面に広げた紙の上に巨大な毛筆で揮毫するうちにバランスを崩し、転んでしまう姿までが、しっかりと後世に遺されている。

《春の祭典》を日本初演

神奈川県の藤沢市民会館が1978〜1979年に「山田一雄の世界」という演奏会シリーズを企画した際、当時まだ演奏機会の限られていたマーラーの「交響曲第8番《一千人の交響曲》」が含まれていた（1979年2月12日）。東京都交響楽団を指揮した演奏は私が生まれて初めて生で聴いた《一千人》であり、ライヴ録音（ソニーミュージック）は現在も入手可能だ。まるで作品に馴染みのなかった私は、山田の激しい指揮に巻き込まれながら「本当に千人いるのかしら？」と、必死に舞台上の人数を数えていた。ゲーテもファウストもあったものではない。

実は、《一千人》はストラヴィンスキーの「バレエ音楽《春の祭典》」などとともに、山田が日本初演した作品の一つだ。日本交響楽団（現在のNHK交響楽団）と《一千人》を初演したのは1949（昭和24）年。「戦争で多くの身内を失った」と言葉少なに語った山田が外地から引き揚げ、国内での演奏活動を再開した時期に当たる。話は前後するが、日本の敗色が濃くなりつつあった1944年2月、山田はマーラーの「交響曲第5番」と天台声明を引用した管弦楽曲《おほむたから》を作曲した。天皇の「大きな御宝」、臣民を意味する題名のもと、「一億玉砕」へと向かう日本国民の思いに身を寄せた悲痛な作品だった。

山田はマーラーの弟子でユダヤ系ドイツ人指揮者・作曲家のクラウス・プリングスハイム（1883〜1972）に東京音楽学校（現在の東京藝術大学音楽学部）で作曲を師事、「交響曲第6番《悲劇的》」の学内日本初演時は、打楽器奏者として参加した。間違いなくマーラー直系の孫弟子であり、芥川也寸志（1925〜1989）が組織したアマチュア・オーケストラ「新交響楽団」では1979年から1988年まで足かけ10年を費やして全交響曲を指揮、マーラー受容の先頭に立った。

日本にも「マーラー・ブーム」が訪れ、先駆者の山田に対する再評価も急激に進んだ。1986年には第42回「日本芸術院賞」を授かり、新日本フィルハーモニー交響楽団が企画した記念演奏会（6月7日、東京文化会館大ホール）でもマーラーの「交響曲第9番」を指揮して絶賛を浴びた。そのライヴ盤（フォンテック）が日の目を見たのは2011年。演奏会当時はまだ「マーラー最後の交響曲＝ペシミズム（厭世主義）」の通念がはびこり、ニ長調の堂々とした調性を踏まえた山田の解釈は「明かる過ぎる」とも批判された。没後20年を記念したリリース時点で日本のマーラー研究、受容は大きく発展、平成23年度の文化庁芸術祭レコード部門の大賞を受けた。死後20年を経た演奏家の受賞は異例とされ、山田の解釈の先見性がようやく正当に評価された形だ。

1991年7月に神奈川フィルハーモニー管弦楽団音楽監督に就任、最晩年の花を咲かせようとした矢先の8月13日に急逝したことは、今も「日本楽壇の痛恨事」として語り継がれる。

vol. 26　岩城宏之

©木之下晃アーカイヴス

岩城宏之 Hiroyuki Iwaki（1932―2006）

東京生まれ。東京藝大音楽学部に入学。在学中から近衛管弦楽団でティンパニ奏者として活躍し、渡邉曉雄や齋藤秀雄に指揮を学ぶ。ＮＨＫ交響楽団の指揮研究員となる。1960年、Ｎ響初の世界一周演奏旅行の際に同僚の外山雄三らとともに指揮者陣に加わる。1977年、日本人として初めてウィーン・フィルハーモニー管弦楽団の定期演奏会を指揮。Ｎ響正指揮者、オーケストラ・アンサンブル金沢音楽監督、メルボルン交響楽団首席指揮者などを務め、現代音楽を熱心に紹介した。文章をよくし、『フィルハーモニーの風景』など著書多数。

木琴から半音に目覚め、指揮者になった昭和の快男児

私が1970年代半ば、初めて入場券を買って出かけた演奏会の指揮者が岩城宏之。ベルリオーズの《幻想交響曲》に取り憑《つ》かれ、年に一度は実演を聴かなくては気が済まないようになった最初が、このNHK交響楽団と岩城の「都民芸術フェスティヴァル」参加公演だった。「マグマの噴き出すマエストロ」「違いのわかる男」の先入観は見事に覆され、ベルリオーズのスコアを淡々と音にして、あとは聴き手のイマジネーションに委ねる姿勢に驚いた。今にして思えば晩年に向け、芸風を大きく変化させていった時期の始まりに遭遇したようだ。「若い頃は力まかせに作品を征服しようとか不遜なことも考えましたけど、次第に作曲家への尊敬が募り、書き遺してくださった音楽をひたすら曇りなく再現する方向に向かいました」。

直接の面識を得たのは1993年。ドイツから帰国した翌年に日本経済新聞社の証券部から文化部へ異動して早々、岩城が創設したオーケストラ・アンサンブル金沢（OEK）のために私財を投じて委嘱した日本人の新作のディスクを「ドイツ・グラモフォン（DG）」レーベルでシリーズ化する「21世紀へのメッセージ」についての大がかりな記者会見に出席した時だ。父の遺産や「サントリー音楽賞」の賞金なども使い、年に3～4作を委嘱して1993～19

96年にOEKが初演、ポリドールの日本法人（現ユニバーサルミュージック）がセッションを組んで録音、「DG」の黄色いレーベルを冠して世界発売していく壮大な試みである。

岩城も1曲あたり数百万円を拠出する覚悟だったが、悲壮感はない。「バルトークの傑作《弦、打楽器、チェレスタのための音楽》の委嘱初演者、バーゼル室内管弦楽団を率いたパウル・ザッハー（1906～1999）のように歴史に名が残れば、僕の〝元〟も十分とれるからね」と大笑いする岩城にすっかり魅了され、矢継ぎ早に質問したことで「面白い記者が現れた」と覚えてもくれた。

作曲家の武満徹（1930～1996）が亡くなった際、私は岩城が語る「武満の思い出」を聞き書き、中一日で朝刊に叩き込む無謀な行動に出た。夕刻、麻布の岩城宅に駆けつけ、札幌交響楽団（札響）で武満作品だけの定期演奏会を指揮したり、武満の強い希望で黒澤明監督の映画『乱』のサウンドトラックに札響が起用されたり、長く首席指揮者を務めたオーストラリアのメルボルン交響楽団とも武満を頻繁に演奏したり……といった思い出話に花を咲かせるうち、ふと、「一般には宇宙人のような風貌で怖れられていた大作曲家でしたが、岩城さんには優しかったの？」と尋ねてみた。「そんなわけない。ちゃんと演奏できたかどうかうかがうのも、怖くて仕方がなかったよ」と、あまりに率直な答えに驚いた。取材中もあちこちから電話が入り、音楽大学の人事やオーケストラの運営などについて、実に多くの音楽関係者の相談に乗っている。文字通り、日本楽壇の「ご意見番」だった。

東京オペラシティコンサートホール《タケミツメモリアル》が1997年9月にオープンする直前、建設に携わったゼネコン（総合建設会社）などが岩城へのインタビューを軸にした全面広告を「日本経済新聞」朝刊に掲載することになった。新聞社の広告局から「テクニカルライターの女性を派遣します」との連絡を受けた岩城は激怒、「ばかやろう、お前の会社には池田という音楽のよくわかる書き手がいるだろう！　あいつが来なければ取材に応じない」と唐突に私を指名した。当時はまだ「広告と記事は別」の建前が健在で、編集局の記者が広告局の原稿を書くばかりか、取材にまで出かけるケースは稀だった。結局、テクニカルライターと私、広告局の担当者、カメラマンの4人で軽井沢の岩城の別荘を訪ね、取材は私、執筆はライターというチームワークで原稿を完成させた。北陸新幹線が開通する前、初対面の人たちと軽井沢を在来線の日帰りで往復するのは結構きつかったが、楽しい仕事になった。

二人三脚の「私の履歴書」

6年後の2003年10月、「日本経済新聞」に岩城が「私の履歴書」を30回連載で執筆した際、私は編集者を務めた。岩城は世界を股にかけた多忙な指揮活動の傍ら、1970年代以降に

『棒ふりの控室』(文藝春秋)『森のうた』(河出書房新社)、などの優れたエッセーを次々に執筆していたので速記者を同行したインタビューや聞き書きの必要はもとよりなかった。「キャッチャー(受け手)に徹していればいい」と、タカを括っていた私が甘かった。

岩城はまず大量に書きまくり、長年のアシスタントの女性に送る。そこで事実関係や誤字脱字など、最低限のチェックを経た原稿が宅配便でバサッと届く。1回当たりだいたい規定量の5倍の長さだ。マエストロは「無残な削りと仕上げはキミの仕事だ」と言い放った。私は来る日も来る日も「イワキヒロユキになったつもり」で書き直し、送り返すと岩城の赤字が入り、ようやく出稿の運びとなる。

毎回添付する写真は山本直純(1932〜2002)や武満、メシアン(1908〜1992)ら大音楽家、世界のオーケストラとのショットでも、内容は生い立ちから戦争とともにあった幼いころ、転校を繰り返しながら音楽家になろうと決意するまでの日々の詳述に終始、1956年9月、東京・日比谷公会堂で同じくNHK交響楽団指揮研究員の外山雄三(1931〜)と二人で振り分けたデビュー演奏会で終わる。

「弟分の若杉弘(1935〜2009)がもし万が一、『日経新聞』の手違いで『履歴書』に登場するような事態に至ったら『どこで何を指揮して大好評、喝采を浴びた』と自慢話の連続で、読む方はたまったものじゃないだろう。兄貴分のボクが先手を打ち、デビューまでしか書かないのも池田クン、キミのためを思ってだよ」。

最終回にはデビュー演奏会後半、チャイコフスキーの「交響曲第6番《悲愴》」を振る前に楽屋トイレへ駆け込み、外山がベートーヴェンの「交響曲第5番」を指揮している間、マスターベーションで自身の緊張を鎮めた話が飛び出した。ゲラを見た編集局幹部が、「これはまずい……」と問題視したらしい。板挟みになった担当デスクから私の出張先の新潟市に電話が入り、「ぼく自身を奮い立たせた」と差し替えることで一件落着した。

いま読み返すと、戦中戦後の厳しい時代に音楽の虜《とりこ》となり、木琴や隣の老医師宅のピアノを叩いて「半音を自ら発見」し、空襲に逃げまどいながら敵機の青光や焼夷弾《しょういだん》の閃光《せんこう》を「美しいと感じてしまった」という少年時代から、芸術家にふさわしい特別な感性の持ち主だった実態が克明に伝わってくる。岩城の数あるエッセーの中でも屈指の異色作だと思う。

連載を終えた少し後、岩城が電話してきた。「原稿料が振り込まれた。けっこう多額で驚きました。半分はキミの仕事なのだから、折半しよう」。実は「私の履歴書」の原稿料には何段階かあり、著作も多い岩城は最高ランクの「作家扱い」だった。当時のレートで1回あたり6万円、30回180万円は確かに「けっこうな」金額で、折半でも90万円に達する。しかも当時の私は日本経済新聞社の社員なので、〝山分け〟はコンプライアンス違反以外の何ものでもない。「マエストロ、それはできません」とお断りすると「なら代わりに、何がしてほしい」と、岩城も簡単には引き下がらない。「クリスマスも近いことですから、私たち夫婦4人で美味しい食事とシャンパン、いかがですか?」。

かくして2003年のクリスマス・ディナーは岩城と木村かをり夫人(1942〜)、私と妻の4人でホテルオークラのメインダイニング「ベル・エポック」と決まった。妻は出がけに「マエストロも病身だし、あまり飲ませないようにしないと」と、酒飲みの私にクギを刺した。ベルリン・フィルの次期首席指揮者選びから競馬の勝敗に至るまで、予想ほど当たらないものはない。岩城は高級シャンパンを次々に頼んで「どんどん、飲みなさい」と言い、〝おとな飲み〟の手綱を絶対に緩めない。男二人の酔いが進み暴言を吐くたび、どちらかのパートナーがピシャリと止める。岩城から後日「キミの奥さん、厳しいね」と、お褒め? の言葉をいただいた。フルコースの料理も極上だったので、かなりの金額に達したと思うが、90万円には届かなかったはずだ(と期待する)。

ベートーヴェンの全交響曲を1日で

岩城の後半生は病気との闘いだった。ある日、取材中に「来週から23回目の入院です。こうなるともう、車検に愛車を出すような心境だよ。修理の結果、まだ走るようなら(指揮を)続ける。ダメな場合はやめる」と切り出され、達観の背後に抱える重たい世界を垣間見た。

2003年に音楽愛好家の高橋恭子さん、作曲家の三枝成彰（1942〜）二人の発案ではじまった大晦日のベートーヴェンの交響曲全9曲を一気に演奏する「ベートーヴェンは凄い！」は岩城の体調を考慮して大友直人、金聖響の3人で分担したが、岩城は終演後、「一人で全部（第1〜9番《合唱付》）振らないことには欲求不満が残る」と言い出し、2004年と2005年の2回、全曲を一人で指揮した。とりわけ2005年は亡くなる半年前に当たり、文字通り「死力を振り絞って」の挑戦だった。演奏の録画はNHKで放映され、岩城はインタビューの部分で「もし願いが叶うなら、もう一度だけ、全身のどこにも痛みのない状態で指揮をしたい」と本音を漏らした。

亡くなった当年、2006年は9人の指揮者が若い順&番号順で指揮、2007年からは小林研一郎（12回）、ロリン・マゼール（2010年の1回のみ）、広上淳一（2022年から）が引き継いだ。オーケストラの名称は2009年から「岩城宏之メモリアル・オーケストラ」に変わり、「マロ」こと篠崎史紀（1963〜）は岩城が最初に全曲を指揮した2004年以来、一貫してコンサートマスターを務めている（同企画をめぐる岩城vsマゼールの因縁は、Vol.17　マゼールの項に詳述）。

「今度こそ再起不能、死期が近い」との報せが駆け巡った時、弟分の若杉は積年の交友関係からくる甘えもあったのか、「代役の依頼は私に」と口を滑らせてしまった。まだ意識のあった岩城の耳にこれが入った瞬間、「若杉を呪い殺してやる」と叫んだと伝えられている。

岩城が亡くなった後、東京音楽学校から東京藝術大学音楽学部に学制が切り替わる時代に声楽を専攻し、岩城を学生時代から知る大賀典雄さん（1930〜2011＝元ソニー会長）は「木琴だけで藝大に入り指揮者になるなんて、最初は『とんでもない奴だ』と思いました。後にハンブルクで岩城がブラームスの交響曲を立派に指揮するのを聴き、私も改心したのです」と打ち明けた。外山も「自分は作曲家の息子で絶対音感もあったので、『さぞ岩城を下に見ていただろう』と思われがちですが、そんなことはありません。指揮研究員時代の新作初演に二人で力を合わせ、ともに闘って以来の素晴らしい〝戦友〟でした。すでに評価が確立した作品の安全を見極め、カッコ良く振っていただけの若杉とは違います」と持ち前の辛辣《しんらつ》な言葉も交えつつ、岩城を見送った。私は、できればデビュー以後の「履歴書続編」も手がけてみたかった。

vol. 27　若杉弘

©木之下晃アーカイヴス

若杉弘 Hiroshi Wakasugi（1935—2009）

東京生まれ。幼少期を日米開戦前夜のニューヨークで過ごす。幼稚舎から大学まで慶應育ち。慶應義塾大学経済学部を中退して東京藝術大学に入学。声楽科で畑中良輔に師事、齋藤秀雄にも指揮法を師事した。1959年、二期会公演「フィガロの結婚」を指揮してオペラ・デビュー。卒業後ＮＨＫ交響楽団の指揮研究員となり、1977年にケルン放送交響楽団首席指揮者に就任。ドレスデン国立歌劇場常任指揮者などヨーロッパで活躍。日本ではびわ湖ホール、新国立劇場の芸術監督を歴任した。

オペラに生涯を捧げた哲人マエストロ

若杉弘が2009年7月21日に亡くなった時は新国立劇場オペラ芸術監督の1期目任期半ば、あと2年余りを残しての在職死亡だった。劇場主催の「お別れの会」で挨拶に立った長野羊奈子夫人（1933～2014）は自身の体調も優れない中、1963年に開場したベルリン・ドイツ・オペラ初の日本人正団員だった大歌手（メゾソプラノ）にふさわしい威厳を保ち、「これで弘は、すべての痛みから解き放たれ、天へと旅立つことができました」と、締めくくった。長くリウマチを患い、不自由な体の動きを垣間見せる隙を与えず、黒一色のいでたちで最後の〝モノローグ〟を語る姿は映画『サンセット大通り』（ビリー・ワイルダー監督、1950年パラマウント）の主演女優グロリア・スワンソン（1899～1983）、美輪明宏（1935～）が作詞・作曲して歌ったヒット曲「老女優は去り行く」を彷彿とさせ、名画の1場面を観ているような錯覚を覚えた。

私とマエストロ若杉との出会いには、2段階がある。最初は一人の聴衆として間接。二度目は取材をする記者として直接だが、ともに接点はマーラーだった。私の高校&大学生時代（1974～1981）は放送音源をカセットテープへ個人的に録音する「エアチェック」の全盛期、とりわけＮＨＫ-ＦＭが毎年夏に旧西ドイツ政府直轄の外国向け放送局「ドイッチェ・ヴェレ」の音楽記者で、後に私のドイツ音楽取材の〝師匠〟となる岸浩《きしこう》さん（１９３８〜２０１６）をトークゲストに招いた「西ドイツの放送オーケストラ」シリーズはセルジュ・チェリビダッケ（１９１２〜１９９６）指揮シュトゥットガルト放送交響楽団（現ＳＷＲ交響楽団）、ラファエル・クーベリック（１９１４〜１９９６）指揮バイエルン放送交響楽団、エリアフ・インバル（１９３６〜）指揮フランクフルト放送交響楽団（現ｈｒ交響楽団）をはじめとする優れた放送録音を特集し、人気が高かった。

若杉とケルン放送交響楽団（現ＷＤＲ交響楽団）も常連だったが、ある時、ミュンヘン・フィルハーモニー管弦楽団を客演指揮したマーラーの「交響曲第３番」の壮麗な演奏がかかり、心底感心した。１９７９年７月12〜13日の東京文化会館大ホール、東京都交響楽団（都響）第１１６回定期演奏会に客演して同曲を振るのを聴いたのが、私の「若杉ライヴ」初体験であり、当然、エアチェックした音源以上に激しく感動した。１９８０年３月28日には同じホールで聴いたケルン放送響との日本公演も、マーラーの「交響曲第５番」がメインだった。

記者として最初のインタビューは日本ではなく、１９８８年４月27日、まだ「西ドイツ」だった時代のフランクフルト・アム・マイン市で実現した。同年３月、日本経済新聞社が日独金融協議決着と「日経金融新聞」創刊のタイミングで８年ぶりに再開したフランクフルト支局の支局長・駐在記者として赴任した直後だった。もちろんドイツ連邦銀行（日本の日銀に相当する中央銀行）の金融政策、フランクフルト株式相場、企業の取材が任務だったが、岸さんの計らいで「音楽の友」誌や都響の定期会員誌の「ドイツ便り」執筆チームの一角に加わった。日本経済はバブルの絶頂に差しかかり、来日演奏家の数が急増、新聞社の文化事業も急激に拡大したため、勤務先の各種媒体にも文化ネタ、音楽記事を書く機会に恵まれた。

ドイッチェ・ヴェレの本拠はケルンにあるため、岸さんは若杉と長く親しく、都響ヨーロッパ公演を率いて巡演中の機会をとらえ、インタビューのアレンジまでしてくださった。昼に取材を済ませた日の晩、フランクフルト郊外へキスト地区にある多目的ホール「ヤールフンデルトハレ」で聴いたマーラーの「交響曲第9番」もまた、凄絶な名演だった。最初に武満徹の実質的ヴァイオリン協奏曲《遠い呼び声の彼方へ！》が置かれ、当時の都響コンサートマスターで今はポップスに転じた古澤巖（1959〜）がソロを担ったのも懐かしい思い出だ。ちなみに民主音楽協会（民音）が委嘱した武満作品の世界初演、1980年5月24日東京文化会館大ホールのアイダ・カヴァフィアン（ヴァイオリン＝1952〜）独奏、尾高忠明（1947〜）指揮都響の演奏にも私は立ち会っていた。

「初演魔」と呼ばれて

「ベルリンの壁」崩壊（1989）や東西ドイツ統一（1990）、旧ソ連解体（1991）の東西冷戦終結プロセスを見届け、私が4年間の任期を終えて帰国したのは1992年。1年後に文化部へ異動して以降2018年に退社するまでの間、若杉は「最もインタビュー回数の多かったアーティスト」であり、2009年に亡くなった後も「最も頻繁に書く対象」であり続けた。

音楽記者を拝命した報告も兼ねて1993年5月28日のサントリーホールの都響第371回定期演奏会、グリーグ生誕150周年を記念した《ペール・ギュント》全曲（日本初演）に、私は「そこそこ」の音楽ファンだった父を伴って出かけた。終演後、楽屋へご挨拶にうかがい、ついでに父を紹介すると、若杉は「息子さんにはいつも、大変お世話になっております」と深々、頭を下げた。父はえらく恐縮し、5年後に亡くなるまで「あれほどの大指揮者なのに礼儀正しい紳士で、びっくりしたよ」と話していた。

日米開戦前夜の米国でニューヨーク総領事、駐米公使を歴任した外交官の若杉要（1883〜1943）を父に持ち、幼少期をニューヨークで過ごした若杉には先天的ともいえる社交感覚、洗練された身のこなし、英独仏語を自在に操る語学力、昭和の教養人としての知性が音楽家の平均を遥かに超えて備わっていた。音楽への夢絶ちがたく中退したとはいえ、幼稚舎から一貫して慶應義塾で学び、難関の大学経済学部に進むなど「お勉強」もできたし、何より古今東西の歴史や文化、芸術、グルメ……を語り出したらエンドレスになる博覧強記の持ち主だった。凝りに凝ったプログラミングも教養のなせるわざ。「演奏会とは、企画書にペンを走らせた瞬間から始まっているんだよ」。私が1995年、都響ソロ・コンサートマスターの矢部達哉（1968〜）による室内楽の連続演奏会を始める時も若杉に選曲リストを見せると「卓ちゃん（と、マエストロは私のことを呼んでいた）、正攻法だけど色気が無いね」と言い、鉛筆で数分の小品を2曲、さらさらっと書き加えた。プログラムは魔法のように輝き出し、本番の成功まで透けて見えるような気分に陥った。

若杉が慶應をやめて入り直した東京藝大でも声楽科から指揮科に転じ、晴れて指揮者への道を歩み出したのは1959（昭和34）年。すでに1958年のドビュッシー「歌劇《ペレアスとメリザンド》」日本初演（11月26日〜12月9日、東京・産経ホール）には、プログラムに名前の載らない稽古ピアニストとして参加していた。日仏文化交流に生涯を捧げた古澤淑子（1916〜2001）がメリザンドを歌い、初来日のジャン・フルネ（1913〜2008）が2年前に発足したばかりの日本フィルハーモニー交響楽団を指揮、同フィル創立指揮者の渡邉暁雄（1919～1990）と都響初代音楽監督の森正（1921～1987）が「音楽指導」のタイトルで補佐した記念碑的な上演である。新国立劇場オペラ芸術監督の若杉が生前最後に指揮したのが、日本初演のちょうど50年後に当たった2008年の《ペレアスとメリザンド》演奏会形式上演（6月28～29日、中劇場）というのも、なかなか象徴的な人生の帰結だろう。

1972～1975年に読売日本交響楽団の第3代常任指揮者を務めた前後から若杉の新作好きは高じ、「初演魔」と呼ばれるようになった。若杉が半世紀に及ぶオペラ指揮を通じ、日本初演した作品を列挙してみよう。ベルリオーズ《トロイアの人々》、ワーグナー《リエンツィ》《ラインの黄金》《ジークフリート》《神々の黄昏》《パルジファル》、ヤナーチェク《イェヌーファ》、R・シュトラウス《ナクソス島のアリアドネ》《ダフネ》《ダナエの愛》、ブリテン《ヴェニスに死す》、ツィンマーマン《軍人たち》、リーム《狂っていくレンツ》、プレヴィン《欲望という名の電車》などなど。滋賀県立芸術劇場びわ湖ホール初代芸術監督の時期（1998～2007年）には、ヴェルディ初期のオペラ《十字軍のロンバルディア人》《スティッフェリオ》《海賊》などの本格舞台上演を鈴木敬介（1934～2011）演出でシリーズ化、文化庁芸術祭音楽部門の連続受賞に輝いた。

晩年の悲劇

ヨーロッパではケルン放送響を皮切りにチューリヒ・トーンハレ管弦楽団、ライン・ドイツ・オペラ、旧東ドイツ時代のドレスデン国立歌劇場などのシェフを歴任、ミュンヘンでもバイエルン州立歌劇場音楽総監督のヴォルフガング・サヴァリッシュ（1923～2013）、ミュンヘン・フィルハーモニー音楽監督のセルジュ・チェリビダッケ（1912～1996）の二人から一目置かれ、それぞれへ頻繁に客演した。ドイツ語圏でのキャリアは「華々しかった」といえる。

だがワーグナー、ヴェルディのダブル生誕200年に当たった2013年、芸術院会員でもあった往年のマエストロ、若杉の功績を回顧する記事は皆無に等しかった。2002年2月に自宅で転倒、第2腰椎を圧迫骨折して以降、リズムやテンポの維持が難しくなった。名声の高まりと反比例する形の衰えが急速に進み、2007年に新国立劇場のオペラ芸術監督に就いた頃は燃え尽きる寸前だった。時代がすごい速さで、若杉を追い越してしまったのは悲しい。

かつてザールブリュッケン放送交響楽団（現在のザールブリュッケン・カイザースラウテルン・ドイツ・フィルハーモニー管弦楽団）に客演、メシアンの《トゥーランガリラ交響曲》を指揮した晩、若杉が日本の私に国際電話をかけてきた。大好物のウィスキーをしこたま飲んだ後らしく、最初は演奏の成功に酔う躁状態だったのが次第に涙声となり「本当は新国立劇場のオペラ芸術監督になりたいんだよ。でもね、日本のオペラ界には随分と尽くしてきた自負があるから、自分から名乗りを上げるようなことはしたくない。三顧の礼をもって迎えられなければ嫌だ。声が掛かるまではずうっと、びわ湖で待機しているつもりです」と、つらい胸の内を明かした。念願のポストを得た任期半ばで亡くなったことは、ドレスデン国立歌劇場の音楽総監督(GMD)就任が旧東ドイツの消滅で流れ、いまや「暫定常任指揮者(Übergangsschefdirigent)」としか記録されていない実態と合わせ、若杉の悲劇に思える。

自宅での若杉は奥様を「よなこ、よなこ」と子どものように頼り、美味しいものに目がなく、話し出すと止まらなかった。深夜1時を過ぎても談論風発、私が「そろそろ帰ります」と切り出すと、羊奈子さんともども「まだ宵の口じゃありませんか！」と一喝された。セクシュアリティーについて色々と取り沙汰され〝仮面夫婦〟説も出たが、羊奈子さんもピノキオに似た風貌の年下の夫を「ピノ」と呼んで可愛がり、芸術家の理想と尊敬で結ばれ、お互いを助け合う素晴らしいパートナーシップだった。「もし双子の男の子を授かったらオサム、ツトムと名付け『サム＆トム』と呼ぶつもりだったの」と打ち明け、にっこり笑った折の顔は、まさにピノキオそのものだった。最後まで、少年の心を持ち続けていた。

ある時、「卓ちゃん、卓ちゃん」と可愛がられ、二人きりで楽屋で弁当を食べたり、頻繁にインタビューをしたりする関係を週刊誌がスキャンダラスに報じようとした。「自分より23歳も年長で、ガリガリに痩せているオジイちゃんには全く興味がありません」と、電話口で一気にまくしたてたら先方が呆れ、掲載を見送った。マエストロの名誉をお守りするためとはいえ、随分と失礼なコメントを出したものだ。改めて、ごめんなさい！

※「モーストリー・クラシック」誌の連載で若杉を取りあげる際、前年に執筆した「ＡＬＴＵＳ」レーベル制作、キング・インターナショナル販売の「若杉弘指揮ＮＨＫ交響楽団《ブルックナー交響曲全集》」（ＡＬＴ４３１／４４０）の解説ブックレットの拙稿を下敷きにした。本稿ではブルックナーのブックレットからの引用を増やし、再構成してある。

vol. 28　大町陽一郎

©木之下晃アーカイヴス

大町陽一郎 Yoichiro Omachi（1931―2022）

東京生まれ。東京藝術大学音楽学部作曲科卒業。渡邉曉雄、クルト・ヴェスに指揮法を学び、ウィーン国立アカデミーでハンス・スワロフスキーに師事。カール・ベーム、ヘルベルト・フォン・カラヤンにも師事。1961年から東京フィル常任指揮者。1968年にドルトムント市立歌劇場専属指揮者。1980年2月、日本人として初めてウィーン国立歌劇場に客演して「蝶々夫人」を指揮。1982〜1984年にウィーン国立歌劇場専属指揮者としてオペラ、バレエを指揮した。東京藝大オペラ科教授を経て、名誉教授。

楽長らしく豪快にざっくりと、欧州楽壇で活躍

1980年代にドイツ・ケルンの日本文化会館（国際交流基金ドイツ支部）館長を務めたドイツ文学者の小《お》塩《しお》節《たかし》氏、その後任で指揮者の大町陽一郎が2022年に相次いで亡くなった。二人は同じ1931（昭和6）年生まれ。私は小塩が講師を務めたNHKラジオ第2放送の「ドイツ語講座」（1967〜1985）でシューベルトなどのドイツ語歌曲（リート）に親しみ、大町が著した『クラシック音楽のすすめ』（講談社現代新書、1965年）でヨーロッパ楽壇、とりわけドイツ語圏の日常に強い憧れを抱いた世代に属する。とりわけ大町は1954〜1959年にウィーンへ留学、ベルリンで知り合ったドイツ人のインゲボルク夫人を伴侶に得たことでも、ある世代以上の日本人にとっては羨望の的だった。

筆まめで折あるごと自身の活動状況を書き送ったから、1958年に恩師カール・ベーム（1894〜1981）の代役でベルリン・フィルハーモニー管弦楽団を指揮（日本人では第二次世界大戦後初）、1959〜1965年に旧西ドイツのドルトムント歌劇場で音楽総監督（GMD）ヴィルヘルム・シュヒター（1911〜1974＝NHK交響楽団常任指揮者を1959〜1960年に務めたドイツ人）の下で6年間研鑽を積み、1980年にウィーン国立

歌劇場公演を日本人で初めて指揮（プッチーニ《蝶々夫人》）……といった輝かしい足跡は逐一、日本で報道された。

東京藝術大学音楽学部の1学年先輩のバリトン歌手で後にソニーの経営者に転じた大賀典雄さん（１９３０〜２０１１）と留学時期が重なり、大賀がＣＢＳソニー・レコード（現ソニーミュージック）初代社長を務めた時期は録音に起用され、一時は米クリーヴランド管弦楽団とウィーン国立歌劇場の音楽監督を兼務したロリン・マゼール（１９３０〜２０１４）とも大賀を介して親しくなった。同世代の３人にはいつしか友情が芽生えたようで、大町は１９８０年にクリーヴランド管に客演して米国デビュー、１９８３年1月〜１９８４年6月にはウィーン国立歌劇場の指揮者チームに名を連ねた。日本では１９６１〜１９７４年に東京フィルハーモニー交響楽団常任指揮者を務めたものの、以後は固定ポストに恵まれず、１９９９年に大賀が新星日本交響楽団と合併後の同フィル会長・理事長に就くと「専任指揮者」のタイトルで再び迎え入れられた。

話術巧みな大町はテレビの音楽番組にもよく出演したし、肩の凝らないプログラムの名曲コンサートの実演に接する機会も多かったが、何故か、あまり強い音楽の印象を残さないでいた。音楽之友社が１９８３年に『音楽の友』と現在は廃刊の『音楽芸術』共同の別冊として出した『日本の演奏家』は、私にとってバイブルのように貴重な1冊で音楽評論、ジャーナリズムの先輩たちが当時一線の演奏家一人一人に対し、極めて率直な意見を表明している。大町の項は自身が近衛秀麿門下の指揮者でもある藤田由之さん（1930〜）が執筆、21世紀の感覚ではびっくりするほど辛辣な言葉を連ねる。

「ウィーン側の、あるいはマゼールの大町に対する評価については多少の戸惑いを感ずる人もあるかもしれない」。

「率直にいって、大町陽一郎は〈器用さ〉のある指揮者ではない」。

「バトン・テクニックのうえでも、多少の不満をみせている。それは、コンチェルトの伴奏などで具体的に現れることがあるようであり、それについてはっきりと不満を漏らす楽員も少なくない」。

協奏曲（コンチェルト）の指揮に疑問を覚えたのは、藤田さんだけではない。CBSソニーが大賀社長自らプロデューサーを務めて1979年2月1日、東京の荒川区民会館ホール（サンパール荒川）で行った中村紘子（1944〜）独奏のグリーグ「ピアノ協奏曲」とショパン《アンダンテ・スピアナートと華麗なる大ポロネーズ》のセッション録音で、大町と東京フィルは管弦楽を担った。初発売時のLP盤（25AC681）には東京都立深沢高校の校長も務めた数学教師の傍らプロ級のピアノの腕前を持ち、長くオーディオ評論家として活躍した高《たか》城《じょう》重躬《しげみ》さん（1912〜1999）が「録音に立ち会って」というエッセーを執筆しているが、これまた衝撃的な一節がある。

「モニター室にもどったら終楽章の半ばを過ぎていた。やがてピアノと管弦楽が合わせ難いアンダンテ・マエストーゾに入る。中村さん『ここでピアノとオーケストラがよく合っていないので呼吸を合わせましょう』、大町さん『それではオーケストラは完全にイン・テンポ（一定の速度）でやるからピアノがそれに合わせてください』」。

大町が指揮者の〝職務放棄〟に等しい発言をした後の、大賀の対応もふるっている。

「それがいい、あまり両方で気にすると絶対合わなくなる。……気にしないで演奏して下さい、あとは私たちが責任を持ちますから、具合が悪いところは又とり直しすれば良いです……皆さん心配しないで……」。

お金をとって販売する商品を制作している現場としては、かなり大胆な発言の数々だ。前後して中村、大町、東京フィルと同じ顔ぶれのブラームス「ピアノ協奏曲第2番」のライヴ録音をNHK-FMで聴き、ピアノと管弦楽がずれまくる競争曲？　の凄まじさも記憶している。

九州交響楽団とウィンナ・ワルツ

9年後の1988年4月、西ドイツ時代のフランクフルトアム・マイン市で日本経済新聞社の支局長・駐在記者に就いた。数か月後、「ロマンティック街道」の起点に当たるバイエルン州ヴュルツブルク市で「日本週間」が開かれた。日本政府観光局（ＪＮＴＯ）フランクフルト事務所のお誘いで現地を訪れ、「開幕コンサート」を聴いた。歌劇場の楽員とヴュルツブルク音楽大学の教員からなるヴュルツブルク市立管弦楽団の指揮台に立ったのは日本文化会館の新任館長、大町だった。前半の曲名は忘れたが、ロッシーニの歌劇の序曲と日本人が作曲した箏の協奏曲があり、後半はドヴォルザークの「交響曲第9番《新世界から》」。かつてドルトムントやウィーンでポストを得たオペラのカペルマイスター（楽長）らしく、細かいことにこだわらず、オーケストラをざっくりと鳴らした豪快な演奏は拍手喝采を浴び、同じドヴォルザークの《スラヴ舞曲》からの1曲をアンコールに届けた。

終演後のレセプションで、ヴュルツブルク市役所の（日本流にいえば）文化局長や観光局長が感激の面持ちで声をかけてきた。「元英国首相エドワード・ヒースの指揮、元西ドイツ首相ヘルムート・シュミットのピアノとか音楽演奏を趣味とする政治家や有名人の演奏に何度か接してきましたが、ここまで指揮の上手な外交官が日本にいらしたとは、驚きです」。同地名産のフランケンワイン、旬のホワイトアスパラガス（シュパーゲル）に舌鼓を打ち、ご機嫌の大町の顔を見るにつけ「いいえ、あの人の本職は指揮者で、外交官の方が余技です」とはついぞ、言い出せなかった。

そのころの大町はもう、ファルスタッフのように太っていた。帰国後にドイツ大使館のパーティーで出くわした瞬間もビュッフェのソーセージを大皿に山盛り、美味しそうに頬張っていた。一般の音楽愛好家を中心に日本シューベルト協会が組織されると顧問に就き、作曲家の肖像をエチケット（ラベル）にしたワインの輸入業者から推薦を求められた際は「自分にも飲ませてほしい」と、おねだりするのを忘れなかった。

1994年3月。大町と私は東西ドイツ統一（90年）後、首都に返り咲いたベルリンで再会した。フィルハーモニーの室内楽ホールで「ベルリン・フィル12人のチェリスト」による三枝成彰（1942〜）編曲「日本の歌」名曲集、「泣きたいだけ泣いてごらん」（旧ファンハウス↓現ソニーミュージック）の収録があり、私は日本公演主催者の社員として立ち会った。プライドの高い12人が「私たちに不慣れな楽曲だから、キューを出す指揮者が必要だが、一度でもベルリン・フィルを振ったことのある指揮者でないとダメだ」と言い出し、大町が休暇先のローマから急きょ呼び出された。ベームの代役で一度だけ指揮した記録が生きた。オフの晩に12人のリーダーでアンサンブルの創立者、ルドルフ・ヴァインスハイマー（1931〜）の自宅に招かれると、大町は書棚にあったベルリン・フィルの演奏記録誌を見つけて自分の名前を確かめ、嬉しそうだった。

セッションの休憩時間、旧知の広報部長（当時）ヘルゲ・グリューネヴァルトが現れ「ちょっと部屋に来てほしい」と告げると、大町も私についてきた。「クラウディオ・アバドとベルリン・フィルの写真集を1冊進呈するので、日本語版の発売元を探してくれませんか？」という頼みだった。大町が「ほーっ、それは興味深い。私にも1冊いただけますか？」と切り出すと、グリューネヴァルトは「あなたに渡しても効果を期待できません。45マルク50でお頒《わ》けします」と冷静に伝えた。悔しそうにポケットから西ドイツマルク札とコインをかき集めたマエストロ。さすがに気の毒でならなかった。

80歳になりかけの大町は健康を損ね、2010年代初頭に事実上の引退状態を余儀なくされた。キャリア最末期は一層ウィーンの音楽にのめり込み、1985年以降は福岡で毎年、九州交響楽団（九響）の「ニューイヤーコンサート」を解説も加えながら、振り続けた。1975年に大賀の肝煎《きもい》りでウィーン・フォルクスオーパー交響楽団（初出時は「ウィーン国立歌劇場管弦楽団」と表記）を起用、CBSソニーにLP2枚分のウィンナ・ワルツを録音したが、「鈍重な指揮ぶり」と酷評するコメントにもさらされた。大町にはリベンジの思いもあったのだろう、九響の練習場を兼ねた福岡市城南区の末永文化センターで2006年と2009年の二度、フォンテックとのセッション録音に臨み「シュトラウス・ファミリー名曲集」（FOCD9291）、「同2」（FOCD9430）を完成した。不器用は不器用なりに、ウィーンの音楽やオーケストラ芸術への愛をありったけ詰め込んだ、「白鳥の歌」といえるディスクだ。

vol. 29　テレサ・ベルガンサ

©木之下晃アーカイヴス

テレサ・ベルガンサ Teresa Berganza（1933—2022）

マドリード生まれ。マドリード音楽院卒。1957年、仏エクス・アン＝プロヴァンス音楽祭のモーツァルト《コジ・ファン・トゥッテ》ドラベッラ役で初舞台。同年、ミラノ・スカラ座デビュー。1958年、英グラインドボーン音楽祭のモーツァルト《フィガロの結婚》に出演して以降、ケルビーノが当たり役となる。1977年にはエジンバラ音楽祭のビゼー《カルメン》、クラウディオ・アバド指揮の題名役を歌う。ヘルベルト・フォン・カラヤン、ゲオルク・ショルティら、世界のマエストロたちと共演した。

「ベルカントの源流」自負、メゾの頂点極める

２００４年夏、テレサ・ベルガンサが日本で最後のリサイタルを行った時にインタビューをして驚いた。ディスクや映像を通じて抱いてきたストイックな芸術家のイメージとは全く異なる、老いてなお妖艶《ようえん》で情熱的なスペイン女性そのもののオーラに圧倒されたからだ。美しかった。

すでにキャリアは半世紀を超えていた。ロッシーニやモーツァルトの理想的なメゾソプラノ歌手として、どこかの歌劇場のアンサンブルに属して下積みを経験することなく、最初からフリーランスとして、別格のキャリアを築いた。共演した指揮者はカール・ベーム（１８９４～１９８１）、ヘルベルト・フォン・カラヤン（１９０８～１９８９）、カルロ・マリア・ジュリーニ（１９１４～２００５）、演出家はジャン＝ピエール・ポネル（１９３２～１９８８）、ジョルジョ・ストレーレル（１９２１～１９９７）ら一流ぞろい。「歌曲ではＪ・Ｓ・バッハ、オペラではモンテヴェルディを基軸に置き、重要なテクニックの宝庫であるロッシーニを日々の練習に生かしてきました」と振り返った。

「舞台に立ち、全身全霊を傾けて音楽の真実を伝え、どんな小さな曲でも長大なオペラと同

じように、人生の小宇宙を表現しています」が身上だった。「良い声だけ出しても、テキストが聴き取れなければ、解釈とはいえません」として楽譜を徹底して読み、言葉と音楽の関係を突き詰める学究肌の一面もあった。ベルカント唱法の源流はロッシーニと同時代のスペイン人テノール歌手マヌエル・ガルシアから、同名の声楽教師の息子へと受け継がれた教則本にあるといい、「イタリア人の専売特許ではありません」と自任していた。

確かに声量は巨大ではなかったが、純度の高い発声は劇場やホールの隅々までよく響き、歌詞を明瞭に伝えた。今では死語となりつつある「品格」という言葉が最もふさわしい表現者であり、味の濃い演技の深みにはまることを巧妙に避け、楽譜に書かれた音と言葉だけを頼りに役柄を造型した。もちろん歌曲でも、その美点は生きた。1990年代はヨーロッパの東西を隔てていた壁が消え、旧ソ連や東欧から巨大な声の歌手が西欧に進出、ドイツやイタリアも対抗上、パワー志向の声楽教育に転じた。「お客様も威圧的な発声に慣れてしまったのかしら、ピアニッシモのニュアンスや言葉の正確さは問われなくなったわね」と残念がった。

これだけ賢ければ、レパートリーの選択も慎重だったが、頑なというわけではなかった。1977年にスコットランドのエジンバラ音楽祭で《カルメン》（ビゼー）の上演が計画された時、ベルガンサは演出家ピエロ・ファッジョーニ（1936～）の求めに応じ、クラウディオ・アバド（1933～2014）の指揮で題名役に初めて挑んだ。ベルガンサは「自由に生きる女性」像をさらりと描き、大成功を収めた。1987年にミレッラ・フレーニ（ソプラノ＝1935～2020）が二度目の《蝶々夫人》全曲盤をジュゼッペ・シノーポリ（1946～2001）指揮で録音する際は、スズキ役を打診された。ベルガンサは「親友ミレッラのためなら」と快諾、レコーディングだけとはいえ、プッチーニ歌劇での演奏解釈も残した。ラファエル・クーベリック（1914～1996）が世界九つのオーケストラを指揮してベートーヴェンの交響曲全集を完成した企画では、バイエルン放送交響楽団との「第9番《合唱付》」（1975年録音）の独唱に加わっている。ポテンシャルは限りなく膨大、私たちは「氷山の一角」に接していたのだ。

2004年、東京オペラシティコンサートホールのリサイタルでは歌い出す寸前に携帯電話が鳴り、持ち主の女性が狼狽《ろうばい》して声を上げるアクシデントがあった。ベルガンサは慌てず騒がず艶《つや》やかに微笑み、その場を収めた。ディーヴァ（歌の女神）そのものだった。声のコンディションも良く、ご本人も満足だったのだろう。「これが引退公演なんて考えず、また日本へ歌いに戻ってきます」と終演後に漏らしたが、その機会は訪れず、2008年に引退した。以後は教育活動に専念し、日本人歌手も指導した。マスタークラスの写真には見事な銀髪で凛と立つディーヴァの姿が収められ、最後まで特別な存在だった。

vol. 30　ジュゼッペ・シノーポリ

©木之下晃アーカイヴス

ジュゼッペ・シノーポリ Giuseppe Sinopoli（1946—2001）

イタリアの指揮者・作曲家。メッシーナでオルガン、ヴェネツィアで和声と対位法を学んだが音楽院は修了せず、パドヴァ大学で 1972 年、犯罪心理学の論文を書いて卒業した。20 曲以上を作曲した後、1981 年以降は指揮に専念。ベルリン・ドイツ・オペラ、フィルハーモニア管弦楽団、シュターツカペレ・ドレスデンなどの首席指揮者や音楽監督を歴任、ウィーン・フィルやバイロイト音楽祭からもたびたび招かれた。

R・シュトラウスの作曲技法熱く語る

2022年7月22日にハンガリー出身のカペルマイスター（楽長）、シュテファン・ゾルテス（1949生まれ）がバイエルン州立歌劇場の「ミュンヘン・オペラ・フェスティヴァル」でR・シュトラウスの《無口な女》上演中に倒れ、亡くなった。訃報が届いた瞬間、記憶は21年前にタイムスリップ、2001年4月20日にベルリン・ドイツ・オペラでヴェルディの《アイーダ》第3幕の上演中に心筋梗塞で亡くなったイタリアの哲人指揮者、ジュゼッペ・シノーポリを思い出した。

シノーポリはヴェネツィア生まれ。パドヴァ大学で心理学と脳外科学を学びながら、ベネデット・マルチェッロ音楽院で作曲を専攻した振り出しからして、普通とは違った。ドイツ・ダルムシュタットの作曲講習会でカールハインツ・シュトックハウゼン（1928〜2007）、ブルーノ・マデルナ（1920〜1973）のクラスに在籍。ウィーン国立音楽大学でハンス・スワロフスキー（1899〜1975）らに指揮を学んだ。ニーチェやリルケらの求愛を退けた魔性の女性を主人公にしたドイツ語歌劇《ルー・ザロメ》（1981）を作曲したことでも知られる通り、ドイツ語を母国語並みにこなし、ベルリンやドレスデンの歌劇場のシェフを歴任した。

私が最初に聴いたのはNHK-FMのオンエア、同じくイタリアのマルチタレント、シルヴァーノ・ブッソッティ（1931〜2021）作曲《ロレンザッチォ交響曲》（1972）を指揮した放送録音で曲も演奏も吹き飛ぶほどに凄まじいブーイング、野次、口笛の凄さに驚かされた記憶しか残っていない。日本での名声が高まったのは1975年以降に指揮活動を本格化して「ドイツ・グラモフォン（DG）」レーベル（現ユニバーサルミュージック）と契約、1983〜1987年にイタリアのローマ聖チェチーリア国立アカデミー管弦楽団音楽監督、1984〜1987年にロンドンのフィルハーモニア管弦楽団首席指揮者を務めた頃からだった。

1987年にフィルハーモニア管と来日した折に桐朋学園大学音楽学部のオーケストラを指導、DGがヴェルディ「歌劇《運命の力》」全曲盤を初発売した時は、桐朋オケとの序曲の記録録音が特典として添付された。1989年9月3日、東京・渋谷の東急文化村オーチャードホールの柿落としではバイロイト祝祭劇場のチームと来日、ワーグナーの「歌劇《タンホイザー》」（ヴォルフガング・ワーグナー演出）を指揮した。1990年11月には東京・池袋に完成した東京芸術劇場コンサートホールの開場記念に招かれ、16日間に「交響曲《大地の歌》」「交響曲第10番のアダージョ」「カンタータ《嘆きの歌》」などを含むマーラーの交響曲全曲演奏をフィルハーモニア管と行った。ちょうど私が日本にいなかった時期と重なり、マーラー全曲の実演を聴く機会は逸したが、ドイツ駐在中はシノーポリが指揮するオペラのライヴ録画のテレビ中継をしばしば楽しみ、DGのCDをよく購入した。

特に印象に残っているのはピエロ・カップッチッリ（バリトン＝1926〜2005）、プラシド・ドミンゴ（テノール＝1941〜）、ゲーナ・ディミトローヴァ（ソプラノ＝1941〜2005）ら強力なキャストを集め、短期間GMD（音楽総監督）を務めたベルリン・ドイツ・オペラ管弦楽団&合唱団と1982年に録音したヴェルディ《ナブッコ》と、ミレッラ・フレーニ（ソプラノ＝1935〜2020）、ホセ・カレーラス（テノール＝1946〜）、ファン・ポンス（バリトン＝1946〜）、テレサ・ベルガンサ（メゾソプラノ＝1933〜2022）ら、魅力的な顔ぶれのプッチーニ《蝶々夫人》。1987年にフィルハーモニア管とロンドンで収録した後者には神官に小松英典（バリトン＝1950〜）、チョウチョウさんの母親に片桐仁美（メゾソプラノ＝1958〜）、従姉妹に佐々木典子（ソプラノ＝1958〜）と日本人歌手も起用し、異彩を放っている。日本およびアジアの演奏家に対する好意は終始一貫、ヴァイオリンの渡辺玲子（1966〜）ともベルクの「ヴァイオリン協奏曲」を1995年、「室内協奏曲」（ピアノはアンドレア・ルケッシーニ＝1965〜）を1996年、首席指揮者の任にあったザクセン州立シュターツカペレ・ドレスデン（ドレスデン州立歌劇場管弦楽団）と「テルデック」レーベル（現ワーナーミュージック）に録音した。

若い音楽家への支援を惜しまず

医学や心理学、考古学にも通じ、発言にも独特のレトリック（修辞学）を駆使したため、日本では「インテリ指揮者」と目され、批評家の浅田彰（1957〜）、作家の島田雅彦（1961〜）ら日本の若い世代の論客がこぞってシノーポリを絶賛する時期もあった。しかしながらオペラで血湧き肉躍るイタリア人の生理に忠実、演奏の出来不出来も激しく、極めて真っ当な音楽家だったというのが実態だろう。

私とのかかわりはドイツ語、R・シュトラウスで始まった。1995年3月にシュターツカペレ・ドレスデンとともに来日、サントリーホールで《エレクトラ》の演奏会形式上演を指揮するのに先立っての記者会見。通訳はドイツ語の達人、松田暁子さんだった。シノーポリはシュトラウスの作曲技法を分析し、政治学や社会学の専門用語まで動員して事細かに説明し始めた。さすがに守備範囲外と見えた壇上の松田さんから「池田さん、助けて！」と言われた。とりあえず政治学を専攻し、ドイツ駐在から帰国直後の蓄積が役に立った。会見終了後、シノーポリに呼び止められ、「君とはいずれゆっくり、シュトラウスについて語り合いましょう」と感謝された。

ソウルの記者会見では韓国のチェロ奏者、ハンナ・チャン（1982〜＝現在は指揮者としても活躍）の才能を激賞するとともに「今の楽器は悪すぎる」といい、韓国の財閥から名器貸与の支援を引き出した。日本で再会した際に理由を質すと「音楽学生は一日でも練習を怠ればレースから脱落する恐怖とともに日々励んでいるのです。世界の学生の平均より遥かに勤勉な若者たちに対し、社会はもっと手を差し伸べなければいけないと、私は思います」と、極めて明快な答えが返ってきた。若い人たちの後押しをするのが心底、好きだった。

2000年冬にはミラノで再会、同年10月のウィーン国立歌劇場日本公演でまたしてもR・シュトラウスの《ナクソス島のアリアドネ》を指揮するのにちなむインタビュー。スカラ座でルカ・ロンコーニ（1933〜2015）演出の同じ作品を指揮する幕間に約束を取りつけた。「プロローグ」終演後、楽屋を訪れると汗だくで着替えの最中、ものすごい量の胸毛が目に飛び込んできた。マエストロは息をハアハアさせながら「作曲家の役は年季の入りすぎたアグネス・バルツァ（1944〜）ではなく、今夜と同じソフィー・コシュ（1969〜）に替えるよう、ササキ（日本舞台芸術振興会＝NBSの佐々木忠次専務理事）に伝えてください」。1980年来日時のエディタ・グルベローヴァ（1946〜2021）とバルツァを再び起用するのがNBSの売りだったから、無理難題もいいところだ。曖昧《あいまい》な返事でかわしながら、再びシュトラウス談義に興じた。別れ際、「今度こそ本当にゆっくり、シュトラウスについて話し合いましょう」と言われたのが生前最後の肉声だった。

あとがき　～プロブレムはプロブレム、そのままで

「あなたみたいな人をのさばらせたら後々『大変なことになる』って皆、言っているわよ」。

オペラの舞台監督を振り出しに東京バレエ団の運営や世界の歌劇場の日本公演実現に敏腕を発揮したインプレサリオ、佐々木忠次さん（1933～2016）がある日、電話口で私に対し放ったキツ～い一言だ。佐々木さんには「最高の舞台を提供する」美学を徹底して教えられ、良い思い出もたくさんある。箴言《しんげん》の真意が何だったのか知る由もないが、本書を読まれたら「やっぱり、とんでもない奴だった」と、妙に納得されるかもしれない。

1975年、高校2年生の時に最初の「原稿料」をいただいて以来、音楽のことを書いてきた。祖父も父も元は記者、母は通信社のタイピストだったので自分だけは別の道を歩みたかったが結局は巻き込まれ、物事の「表」ではなく「裏」を読むDNAが年々歳々色濃く出た。新聞社では経済記者、音楽は週末の仕事と区分けしたはずが1993年以降一体化した。だが「ホメホメ系」に〝転ぶ〟ことはなく、佐々木さんの危惧《きぐ》は当たったった？

読む人によっては「アブナイ」と思われるかもしれないが、目に見えない空気の振動を芸術と規定、感動を共有する音楽という「現象」は、すぐれてスピリチュアルな領域に存在する。巨大な教会堂に設えられたパイプオルガンを想像していただきたい。天から地へと真っ直ぐに延びたパイプは、天上の声を地上の私たちに届ける器官＝オルガンだ。

音楽は天界が発するメッセージを作曲家が受け止め、演奏家が再現し、聴衆へと送り届けるパイプラインの構造を有している。送信が一方通行にとどまれば、ミッションは完結しない。超越した世界から作曲家↓演奏家↓聴衆（観客）と引き継がれてきた感動は聴衆が善行など、次の能動エネルギーに変換しない限り、天界へと還元されないのだ。

駆け出し時代に担当したファスナーと建材の大手、吉田工業（現ＹＫＫ）の創業者である吉田忠雄さん（１９０８〜１９９３）の経営理念「善の循環」（企業と社会がともに繁栄する道）を思い出す。作曲家や演奏家が全身全霊をこめて届けてくれた音楽の天啓を、私たち「普通の人々」もそれぞれの人生、職業、社会の糧として活かす義務を負っている。

音楽家は「特別の人々」だ。社会常識や規範より自身の才能や感覚を生かし「その他大勢」

を惹きつけ熱狂に導く。それにもかかわらず多くの演奏家や作曲家が見ず知らずの記者にいきなり胸襟を開き、率直極まりない発言を躊躇《ちゅうちょ》しない現場体験を重ねるにつれ、私はパイプオルガンがもたらす「美の循環」を思わずにはいられなかった。変に思う方々も多いだろうが、私の場合、演奏家の真に迫って書くには一種の「憑依」プロセスを必要とする。

世界の演奏家の写真を撮り続けた木之下晃さん（１９３６〜２０１５）との出会いも、「見えざるもの」に導かれていた。１９８５年、広島支局の記者だった私は米国の指揮者で作曲家レナード・バーンスタイン（１９１８〜１９９０）が人類史上初の原子爆弾投下40周年にちなんで企画した「平和コンサート」で、かねて尊敬していた木之下さんと知り合った。

バーンスタインが平和記念資料館を見学した後の記帳を「撮影したい」と申し出た木之下さんに対し、広島市役所は「事前の記者登録がなく、広島市政記者会（記者クラブ）の加盟社員でもない」との理由で門前払い。たまたま記者会幹事社員だった私が「この方は世界的な写真家です」と一喝し、木之下さんの希望を実現した。以来、登茂枝夫人と二人三脚でカメラ取材を続ける木之下さんとの私的お付き合いが、亡くなるまで続いた。

ただ仕事の関係はせいぜい、新聞の音楽批評やインタビュー記事で使う写真をスポットでお願いする程度にとどまった。「いつしか木之下さんの写真を存分にとり入れた出版物に携わりたい」との夢を生前、実現することはできなかった。そもそも日刊紙記者として「瞬間に読まれ、消えていく記事」が自分のフィールドだと思っていたから、経済関係の共著や音楽雑誌の別冊はともかく、単独の著作には無縁の職種と割り切っていた。

オペラ批評を寄稿している「オン★ステージ新聞」の発行元、青林堂の渡辺レイ子専務から「本を出しませんか?」と声をかけられ、2020年6月から音楽雑誌『モーストリー・クラシック』で続けてきた連載「いけたく本舗　私が出会った演奏家」を「加筆して、単行本にしましょう」と提案された時は正直、驚いた。結局は最初30回分を3倍近くまで増量し、中には全く書き直した章もある。予想外に楽しい仕事だった。

30章中3人だけ、インタビューを行っていない演奏家がいる。早稲田大学大隈講堂でスピーチを聴いただけの指揮者ヘルベルト・フォン・カラヤン、神奈川県立音楽堂の終演後サイン会で対面したピアニストのクラウディオ・アラウ、東京文化会館大ホール本番中の激しい動きの果てに目が合ってしまった指揮者の山田一雄の3人。それでも大切な人々なので書き、木之下さんとの架空コラボレーションの一角に鎮座していただいた。

もちろん渡辺さんだけでなく、『モーストリー・クラシック』の連載を発案した前編集長の江原和雄さん、打ち切りもせず引き継いでくださった現編集長の藤盛一朗さんにも心から感謝する。存命中の演奏家を敬遠、鬼籍に入られた方だけを対象に書いてきた結果、「死神ジャーナリスト」になりかけていたところ、「天国からの演奏家たち」という素敵なタイトルを授けていただいた青林堂の蟹江幹彦社長にも一言、お礼を申し上げたい。

最後に、「音楽ジャーナリストとしての池田卓夫の特徴を1文か2文で書いてほしい」とのムチャ振りをいとわず、「皮肉」の一言まで漏らさず書いてくれた若い友人で指揮者のアンドレア・バッティストーニ（1987〜）、いつもバランス感覚に富むコメントを発する人生の伴走者、池田美奈子にも「ありがとう」と言って、締めくくる。

2023年春　池田卓夫

池田卓夫（いけだ・たくお）

1958年東京都杉並区生まれ。早稲田大学政治経済学部を1981年卒業、日本経済新聞社へ記者として入社。東京や広島、ドイツのフランクフルト・アム・マイン（支局長）などで経済・金融・証券・産業分野を取材。1989年の「ベルリンの壁」崩壊から東西ドイツ統一、旧ソ連解体までを現地から報道した。帰国後、1995年以降は文化部の音楽担当編集委員を長く務めた。2018年9月、デジタル編集本部を最後に退職。前後して「いけたく本舗」を商標登録、フリーランスに転じた。音楽の執筆は高校時代に始め、寄稿歴は50年近く及ぶ。コンサートやオペラ、ディスクなどの企画、MC（司会）、通訳&翻訳（英語とドイツ語）、コンクール審査なども手がける。2012年に会津若松市で初演した福島復興復活支援オペラ《白虎》（宮本益光台本・加藤昌則作曲）ではエグゼクティブ・プロデューサーを務め、作品は三菱UFJ信託芸術文化財団「佐川吉男音楽賞」を受賞した。一般社団法人ミュージック・ペンクラブ・ジャパン理事、東京都台東区芸術文化支援制度アートアドバイザー、エンジン01文化戦略会議メンバー。
ホームページ：https://www.iketakuhonpo.com

初出は下記からとなります。
『MOSTLY CLASSIC』（株）神戸クルーザー

天国からの演奏家たち

令和5年5月24日　初版発行

著　者　池田卓夫
発行人　蟹江幹彦
発行所　株式会社　青林堂
〒150-0002　東京都渋谷区渋谷3-7-6
電話　03-5468-7769
装　幀　TSTJ Inc.
印刷所　中央精版印刷株式会社

Printed in Japan

ISBN 978-4-7926-0743-2